8°S
1428.
DÉPÔT LÉGAL
Eure
N°
18

BASSE-COUR

FAISANDERIE ET VOLIÈRE

L'ÉLEVAGE A LA CROIX-VERTE

AUTUN

PAR

Et. LAGRANGE

ÉLEVEUR

I0118333

CHOIX DES RACES. — INSTALLATIONS. — OUTILLAGE. — INCUBATION
ÉDUCATION DES JEUNES

NOUVELLE ÉDITION

En vente chez l'Auteur

A AUTUN (SAONE-ET-LOIRE)

Et chez les principaux Libraires

—

Tous droits réservés.

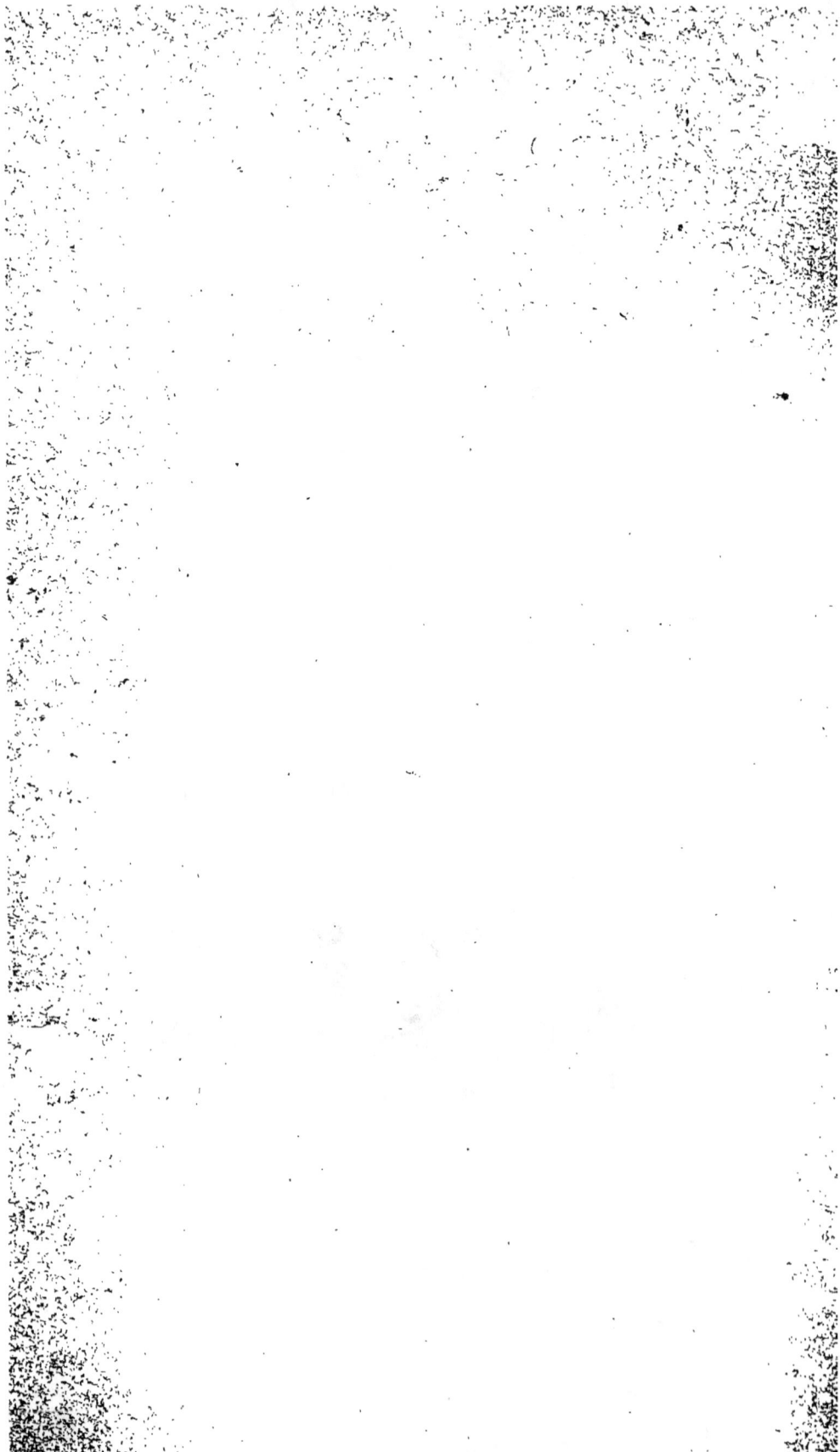

BASSE-COUR

FAISANDERIE ET VOLIÈRE

S
7428

TYPOGRAPHIE FIRMIN-DIDOT ET Cie. — MESNIL (EURE).

BASSE-COUR
FAISANDERIE ET VOLIÈRE

L'ÉLEVAGE A LA CROIX-VERTE

AUTUN

PAR

Ét. LAGRANGE

ÉLEVEUR

CHOIX DES RACES. — INSTALLATIONS. — OUTILLAGE. — INCUBATION
ÉDUCATION DES JEUNES

NOUVELLE ÉDITION

BIBLIOTHÈQUE R.F.

En vente chez l'Auteur

A AUTUN (SAONE-ET-LOIRE)
Et chez les principaux Libraires

Tous droits réservés.

INTRODUCTION

Nous n'avons jamais admis la maison de campagne sans son accessoire d'oiseaux de basse-cour et de volière, qui en sont comme le complément et la vie.

Toute habitation rurale où ne retentit ni chant d'oiseau, ni cri de coq, ni caquetage de poules, ni roucoulement de pigeons, une telle habitation, disons-nous, représente quelque chose d'incompris. de raté, de silencieux, de lugubre.

Nous ne savons pas, pour le citadin qui veut goûter de la vie des champs, de plus grande distraction, de plus grande satisfaction de tous les instants, que de voir vivre, se mouvoir, s'agiter autour de lui, tout un monde d'animaux amis, qui ne demandent qu'à se familiariser. C'est votre coq qui salue votre passage d'un joyeux battement d'ailes; c'est votre canard, qui, l'œil bridé, vous adresse un « *coin-coin* » d'intelligence; votre dindon qui sollicite un compliment en faisant la roue, et jusqu'au lapin, qui se dresse à votre approche comme pour vous demander si vous n'auriez pas sur vous quelque feuille de chou à son intention.

Est-il besoin de rappeler les soins divers réclamés par vos pensionnaires, source de plaisirs constamment variés : le dénichage des œufs; leur mise en incubation, aussi féconde en émotions qu'une mise à la loterie; la naissance des poussins,... toutes choses qui font la joie des enfants, des mamans, et aussi des papas.

Que si, aux distractions de la basse-cour, vous jugez à propos d'adjoindre celles de la faisanderie et de la volière, et d'entretenir chez vous des familles de faisans rares, de perdrix étrangères, de colombes, de perruches, d'oiseaux des îles; oh! alors nous pouvons vous répondre d'une chose, c'est que votre maison de campagne vous vaudra des distractions aussi attrayantes que le meilleur vaudeville, c'est que les journées y passeront comme des heures.

— Mais, nous direz-vous, tout cela est parfait pour des initiés; mais comment voulez-vous que nous autres qui n'avons jamais quitté notre bureau, notre comptoir ou notre magasin, nous puissions jouir des belles et bonnes choses que vous faites miroiter à nos yeux? Nous serions embarrassés à chaque pas dans la voie de l'élevage, absolument nouvelle pour nous, faute de savoir nous y prendre.

— C'est pour couper court à votre objection, lecteur, et pour répondre en bloc aux nombreuses lettres que le courrier nous apporte chaque jour, que le présent guide a été publié. Ce petit volume met à votre portée tout ce

que vous pouvez désirer : renseignements divers, oiseaux reproducteurs, œufs à couver, appareils et usten-
siles d'élevage.

Que pouvez-vous demander de plus ?

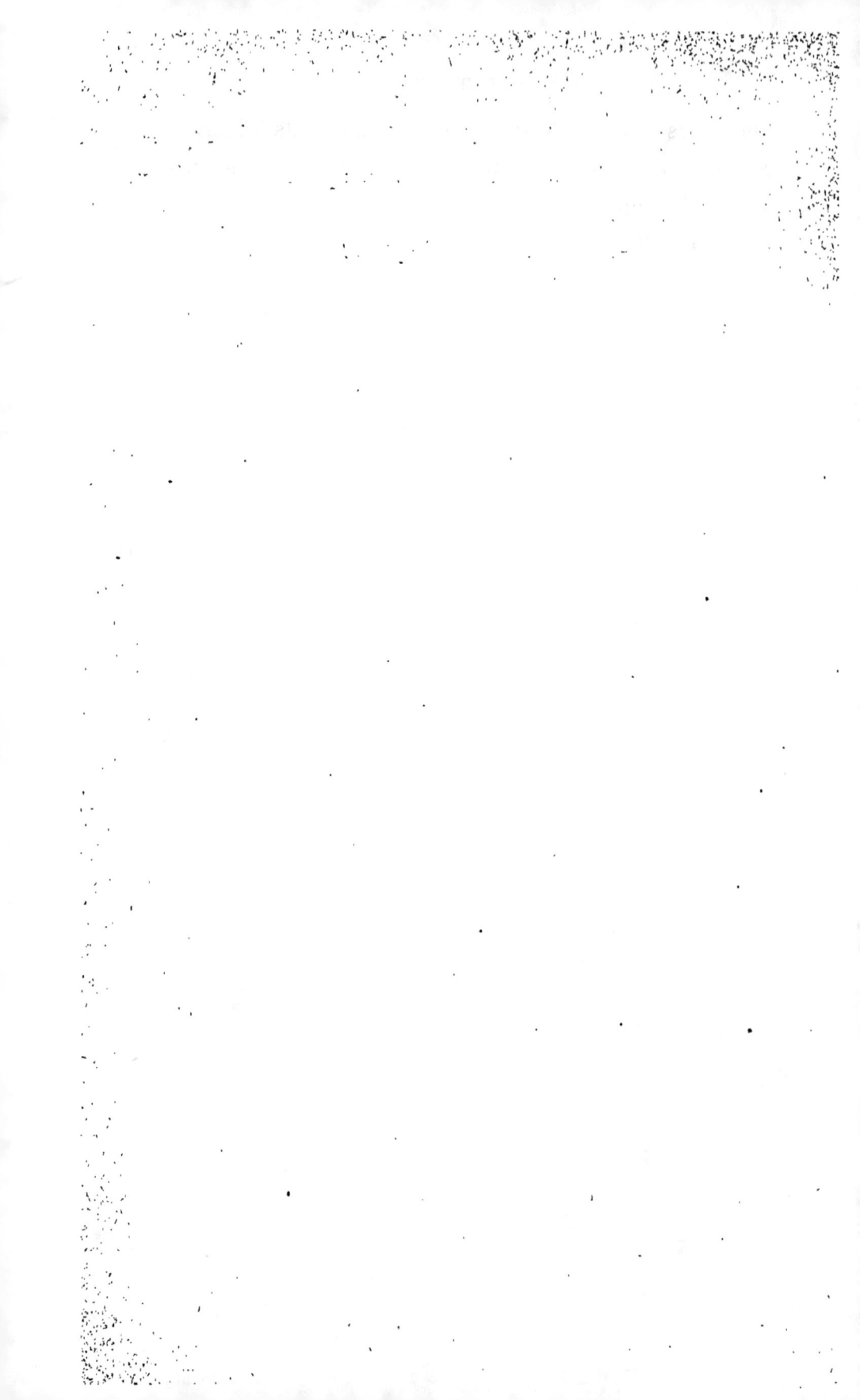

BASSE-COUR

FAISANDERIE ET VOLIÈRE

CHAPITRE I.

PEUPLEMENT DE LA BASSE-COUR ET DE LA VOLIÈRE.

Choix des races.

Le premier problème qui se pose pour le citadin qui va faire son apprentissage de la vie à la campagne est celui-ci :

Comment organiser convenablement cet enclos qui s'appelle la basse-cour, ou cet autre qui est le parc, et qui serait si vide, si triste, s'il ne renfermait aucun habitant, triste et vide comme un cadre veuf de son tableau?

Aurons-nous des Poules, des Dindons, des Canards, des Oies, des Pintades, des Paons, des Lapins, des Pigeons, des Faisans, des Perdrix, des Colombes, des Perruches, les uns ou les autres, ou tous à la fois, et dans quelles proportions?

Tout dépendra, à notre avis, de la nature et de l'étendue de la propriété dont nous aurons la disposition. Ainsi l'entretien de canards est tout indiqué pour l'amateur pouvant disposer d'une eau courante, ruisseau ou rivière, ou d'un étang d'une certaine étendue. Il n'est pas indispensable d'avoir à sa disposition tant d'eau que cela pour élever des canards, nous le savons tous, et un simple plat d'eau souvent renouvelée suffit à la rigueur à ce palmipède pour ses ablutions; sa santé certainement ne souffrirait pas sensiblement de la privation du

bain aquatique, nous pouvons même ajouter qu'il engraisserait;
mais, par contre, ce qui en souffrirait ce serait votre emplacement, car vous n'ignorez pas que le Canard est un fort
mangeur, ce qui s'appelle une belle fourchette, toujours en
appétit et peu difficile sur le choix pourvu qu'il puisse s'en
fourrer à plein jabot; mais c'est la suite qui serait pleine de
désagréments; et, par une conséquence forcée, s'il consomme
beaucoup, ce gros gaillard restitue en proportion, et l'abondance
du produit de ses restitutions aurait pour premier résultat
inévitable d'infecter, à très bref délai, l'espace mal approprié,
ou la petite mare trop exiguë mis à sa disposition. Et puis,
pour se faire une idée d'un autre genre de désagrément qu'il
occasionnerait dans votre propriété, il suffit de le voir opérer.
Voyez-le faire. Il n'avale pas une bouchée : ver de terre,
escargot, mie de pain, brin de salade, grain de blé ou autre
sans recourir à son plat d'eau, où il triture cette bouchée, la
mouille à plusieurs reprises, la passe et la repasse au laminoir de
son bec, le tout non sans répandre une notable partie du liquide,
ce qui a pour résultat de détremper la terre qui entoure le plat.
Puis, cette terre étant détrempée plus ou moins, notre barbo-
teur obéissant à ses instincts de chercheur de vers, fouille avec
son bec, subdivise la terre dont il fait une boue molle, dans un
rayon d'abord restreint, puis qui va s'étendant comme la tache
d'huile, et nous pouvons vous répondre que, comme coup d'œil,
le résultat de son travail laisse beaucoup à désirer, au moins
dans une propriété d'agrément. A la ferme, c'est une autre
affaire.

Néanmoins, si votre basse-cour confine à une eau courante,
il va de soi que les inconvénients signalés disparaissent, les
déjections s'en allant au fil de l'eau; de même, si votre terrain
comporte un étang un peu vaste, riche en végétations aquatiques,
les mêmes déjections, absorbées par les racines des herbes
flottantes à titre d'engrais, n'engendrent aucune espèce d'inconvénient.

Donc, ne faisons pas fi du Canard, mais ne l'adoptons chez nous que dans certaines conditions spéciales.

Nous en dirons autant de l'Oie. Il faut une pelouse à la disposition de cette mangeuse d'herbe, et un certain parcours pour éviter les inconvénients de l'infection. Quand on peut lui donner l'installation qu'elle demande, l'Oie fait très bien dans un enclos, déambulant avec grâce, suivie de ses petits couverts d'un duvet soyeux. L'Oie n'est pas si bête que sa réputation ; sa vigilance n'est jamais en défaut et elle peut remplacer avantageusement le meilleur chien de garde. Il n'entre pas un inconnu dans votre habitation sans qu'elle pousse son cri d'alarme et sans qu'elle lui coure sus, tête baissée, et vous n'avez pas de meilleur gardien pour la nuit. Par des procédés connus des malfaiteurs, on a trouvé moyen d'endormir la vigilance du chien. L'Oie est incorruptible. Si les Oies n'avaient pas réveillé les Romains à temps, les Gaulois nos ancêtres escaladaient le Capitole. Les chiens, eux, n'avaient rien dit.

Le Dindon est à sa place naturelle dans une basse-cour, mais dans une basse-cour d'une grande étendue, car il est d'un caractère susceptible, tyrannique, toujours prêt à se mettre en colère et à persécuter les coqs, dont il est *la bête noire*.

La Pintade et le Paon ne sont bien à leur place que dans un parc, où leur humeur vagabonde se donne carrière, et où leur cri discordant ne peut s'entendre que de loin et très atténué. Sous vos fenêtres, ce cri est insupportable ; et c'est vraiment dommage car ces oiseaux sont très élégants, très décoratifs, et d'une richesse de livrée, les Paons surtout lorsqu'ils font la roue, qui est un éblouissement pour les yeux du spectateur.

Le Faisan, le Colin, la Colombe, la Perruche, demandent la volière.

Le Pigeon, le Lapin, eux, ainsi que la Poule, ont leur place dans toutes les basses-cours, si exiguës qu'elles soient. Il n'est pas d'animaux plus accommodants sous le rapport de l'espace, ainsi que vous avez pu le voir maintes fois, pour peu que vous ayez dirigé vos promenades du côté du quai de la Mégisserie, à Paris. Vous voyez là les uns et les autres, encagés chez les marchands d'oiseaux, dans des installations si étroites qu'à peine ils ont la place de se retourner. Eh bien, dans ces réduits que vous qualifieriez de véritables prisons cellulaires, les lapins mangent sous vos yeux leur feuille de chou, et de bon appétit; les Pigeons roucoulent comme chez eux; les Coqs y chantent et les Poules, ce qui est un comble, y pondent régulièrement. La seule chose que réclament toutes ces bêtes de bonne composition, consiste dans un nettoyage fréquent et un changement de litière quotidien.

Les commensaux les plus indiqués par la pratique, de toute basse-cour, sont donc les Poules, les Lapins et les Pigeons.

La première question qui se présente alors à votre esprit, lorsque vous quittez les affaires pour habiter la campagne, est celle de savoir dans quelles proportions vous entendez entretenir chacun de ces animaux, ce que vous leur demandez comme rendement, et à quelles races vous voulez accorder votre préférence.

Il y a là matière à toutes sortes de considérations.

La nation des Lapins est riche en sujets de tout échantillon. Vous trouvez chez eux des races géantes : le lapin des Flandres, le lapin bélier qui feront votre affaire si vous avez une nombreuse famille, des domestiques, etc., si vous avez à pourvoir, en un mot à une consommation d'une certaine importance. Nous ne vous recommanderons pas le lapin angora au point de vue comestible où il laisse à désirer; mais nous vous conseillerons deux races de taille moyenne, recherchées tout à la fois pour la succulence de leur chair et la richesse de leur pelage : d'abord le lapin riche ou lapin argenté, dont la peau est employée à la confection de manchons, de fourrures; puis le lapin russe à la livrée blanche, aux extrémités noires. A voir ce dernier petit quadrupède, ronger avec la modestie qui sied au vrai mérite, sa tige de carottes, ses épluchures de navets ou sa croûte de pain, on voit qu'il ne se doute pas des honneurs qui l'attendent après sa mort, et qu'il ignore que sa peau servira un jour, sous le nom d'hermine, à doubler la robe de quelque conseiller à la cour. Mais Jeannot est philosophe; il vit au jour le jour sans souci du lendemain; quant aux dangers qui menacent sa peau, il se dit que ce sera pour plus tard.

Un lapin dont on ne saurait dire trop de bien au point de vue de la cuisine, c'est celui provenant du croisement d'un mâle lapin de garenne avec une femelle commune. Ce produit fera merveille à la casserole.

Si du Lapin nous passons au Pigeon, nous vous conseillerons deux races de volière très prolifiques, et dans les grands spécimens (de 98 centimètres à un mètre d'envergure). Nous voulons parler du Pigeon Romain et du Pigeon de Montauban. Ces races reproduisent très couramment et fournissent un rôti très apprécié. Seulement si vous voulez nous permettre un conseil tenez-les dans des en placements séparés. Les coups de canifs sont fréquents, dans les ménages de pigeons, ce qui engendre de la bâtardise, des faux ménages, des scènes de jalousie, des batailles, des divorces et des querelles de famille, dont la reproduction ne peut que souffrir. Nous parlons, bien entendu, du pigeon de volière, confiné dans un petit espace et livré aux suggestions de l'oisiveté mauvaise conseillère. Quant au pigeon de colombier, au Bizet, qui passe sa vie dans les champs, la peine qu'il se donne à chercher sa vie, jointe à l'exercice qu'il prend au dehors lui donnent suffisamment de distractions pour l'empêcher de penser à mal et à se détourner de ses devoirs.

Il est une autre race dont l'entretien pourra vous paraître intéressante, un pigeon qui s'est fait un nom dans l'Administration des postes, et dont le ministère de la Guerre a songé à utiliser les services comme auxiliaire des armées et pour la défense du pays, nous voulons parler du Pigeon voyageur. Le Pigeon voyageur pourra être employé à la correspondance que vous voudriez entretenir avec quelque villa plus ou moins éloignée, où vous auriez des amis.

Pour mettre un peu d'ordre dans ce qui va suivre, nous allons commencer par les gallinacés de la basse-cour.

GALLINACÉS DE LA BASSE-COUR.

L'oiseau de basse-cour par excellence, la Poule, va faire l'objet d'un examen proportionné à son utilité et à son importance. Ici, les considérations abondent.

La première question qui se présente est celle de savoir quel est le nombre d'œufs, le nombre de poulets nécessaires à la consommation de la maison. Nous allons examiner la question, d'abord au point de vue pratique.

Le résultat de nombreuses expériences a démontré que la moyenne de la ponte d'une poule, prise dans de bonnes conditions d'âge, de santé et d'installation, est de quatre-vingts à cent cinquante œufs environ.

Nous entendons tous les jours vanter des races nouvelles, extraordinaires, extra-pondeuses, qui, au dire d'enthousiastes, donneraient une moyenne de deux cent cinquante œufs ; la Leghorn, pour ne pas la nommer, serait une ces races. Nous considérons ce dire comme une exagération. Nous admettons volontiers qu'un sujet de telle ou telle race : Campine, Leghorn, Andalouse ou autre ait pu donner exceptionnellement le chiffre énorme de deux cent cinquante œufs ; mais cela n'est pas le fait de la race, c'est le fait d'une volaille se trouvant dans des conditions extraordinaires de tempérament, de santé, de vigueur, d'installation, de nourriture appropriée, et autres. Toutes les poules en sont là, la Leghorn ou la Red Cap ni plus ni moins que les autres races.

Ceci compris et vous basant sur une moyenne de cent à cent vingt œufs par poule, comme résultat de la ponte annuelle, pour ne pas éprouver de déceptions, à vous de voir de combien de têtes de volaille devra se composer votre troupeau. Mais auparavant, il est utile de déterminer l'étendue de l'emplacement que vous voudrez leur assigner comme résidence.

La pratique a démontré que dix poules installées à l'aise dans un espace suffisant donneront au total plus de produits que vingt des mêmes poules enfermées dans un parc trop étroit. Il est admis d'ailleurs, vous le savez, comme principe, chez tous les vrais éleveurs que « *la poule est l'ennemie du nombre* ». C'est ce qui explique pourquoi tous les amateurs de notre connaissance, et peut-être aussi de la vôtre, qui ont voulu faire de l'élève de la volaille une spéculation sur une trop grande échelle ont fait de mauvaises affaires.

En pareille matière, la proportion à donner à l'échelle est la vraie clé de la réussite. Nous reviendrons plus loin sur ce sujet, au chapitre des installations.

Pour le moment, il nous suffit de savoir qu'avec un troupeau de dix poules convenablement logées, nous pourrons compter à peu près sur un rendement d'un millier d'œufs. Il est entendu d'ailleurs qu'il s'agit de volailles âgées de un à quatre ans et nous ne saurions trop insister sur ce point que la vraie période de produit pour une poule embrasse une série de trois ans. Passé la quatrième année, la ponte décroît d'une manière tellement sensible qu'il y aurait perte à conserver le sujet. A chaque instant des campagnardes viennent nous dire : ah! Monsieur, que vous êtes heureux de récolter tant d'œufs, mais comment vous y prenez-vous? Les miennes ne pondent presque pas.

— Vraiment elles ne pondent presque pas, mais, dites-moi, d'abord quel âge ont-elles?

— Mais, je n'en savons rien au juste; il y en a des jeunes, et d'autres qui ont bien sept à huit ans. Je ne sacrifions chez nous que les coqs.

— Trop vieilles vos poules de sept à huit ans; il ne faut pas chercher ailleurs la cause de votre déveine.

Par bonheur, la casserole est là, et le remède est facile à appliquer. Si votre poule ne pond plus ou presque plus, par la

faute des ans, elle est encore apte à faire une excellente blan-
quette ou une daube délicieuse.

Ceci exposé, il s'agit de savoir à quelle race vous entendez
donner la préférence et ouvrir l'accès de votre basse-cour ou de
votre poulerie. Ici vous n'avez que l'embarras du choix.

Commençons, si vous voulez, par la Poule commune, celle qui
est la plus répandue dans la localité que vous habitez. Ce n'est
assurément pas la moins pratique. Acclimatée depuis longtemps, se suffisant à elle-même presque sans soins, elle représente une bête rustique, d'un entretien facile, accommo-
dante sur le régime et apte à vivre dans les plus mauvaises
conditions hygiéniques. Voyez les poules de ferme, prospérant
dans l'ordure, s'abreuvant aux fosses à purin, faisant profit
de substances putréfiées que vous seriez tenté de considérer
comme malsaines. Eh bien, ces poules communes sont vigou-
reuses, pleines de santé, pondent de gros œufs; couvent à leur
fantaisie, et amènent des nichées de poussins dont on n'a,
pour ainsi dire, pas à s'occuper.

Sans doute, mais ces poules vivent un peu de la vie sauvage,
ce qui explique leur force de résistance aux influences délétè-
res; elles se répandent au dehors le long des chemins ruraux,
dans les champs qui avoisinent la ferme, sur les tas de fumier
de cheval, où leur activité sait poursuivre, chercher, déterrer
vers de terre, scarabées, larves d'insectes, escargots, tout un
fond de nourriture azotée qui est dans leur hygiène et que
l'instinct leur indique.

Pour beaucoup d'entre vous, lecteurs qui n'avez pas accès
aux champs, la poule commune ne saurait convenir. D'ailleurs, aux yeux d'un amateur de goût, cette poule a le grave
défaut de manquer d'uniformité. Il y en a des blanches, des
brunes, des noires, des cailloutées, des hautes sur pattes, d'autres à pattes courtes. Cela manque de cachet. En un mot ce
qui est à sa place à la ferme ne convient pas à la villa, où
tout doit être correct, plaisant à l'œil, intéressant, artistique,

faisant honneur à l'habitation et au bon goût de son propriétaire.

Ce que vous désirez, c'est une poule de race et de vraie
race, ne déparant pas une poulerie, pouvant figurer au besoin
avec honneur dans un concours, uniforme dans ses couleurs,
dans son attitude, dans sa descendance; une poule qui ne

Race commune.

soit pas la poule de tout le monde, une poule à votre livrée,
en un mot, et que, si par hasard elle vient à s'échapper, on
ne puisse confondre avec celles du voisinage.

Ces sortes de poules de race abondent et se reproduisent depuis des années dans nos haras de volailles de la Croix-Verte
à Autun, où nous entretenons dans de vastes parquets les
sujets de choix, améliorant chaque variété par voie de sélection, ce qui est le rôle de l'éleveur soucieux de mériter ce
nom.

Nous allons, pour vous guider dans vos choix, faire passer

sous vos yeux successivement chacune de ces races, les unes géantes, les autres de taille moyenne, les autres naines et extra-naines, en vous faisant part des mérites comparés de chacune d'elles, tant au point de vue de la léchefrite et de la casserole qu'au point de vue de l'omelette et du rendement en œufs. Nous distinguerons en même temps les bonnes couveuses de celles qui sont dépourvues de toute aptitude maternelle.

Dans le cas où la description ne vous satisferait pas entièrement, veuillez ne pas oublier que notre établissement de la Croix Verte est ouvert au public et que tout visiteur y est accueilli cordialement. Vous examinerez là, à loisir, la collection peut-être la plus complète des races les plus connues, dans les beaux types, et vous pourrez y faire vos choix en connaissance de cause, tout en prenant, *de visu*, sur le plan et l'aménagement d'une poulerie d'amateur, les soins divers et mille et un détails de la pratique, de ces notions dont le souvenir vous reste et qu'aucune description ne saurait remplacer.

Nous allons, en attendant, procéder par ordre et mentionner par rang de taille, sans nous préoccuper de classification scientifique, les poules les plus connues, en commençant par les gros formats.

Race Cochinchinoise.

Port massif, taille énorme; le coq, chez cette race, atteint un poids qui dépasse quelquefois cinq kilogrammes; crête simple, droite, dentelée chez le coq et chez la poule; oreillons et barbillons rouges; bec, tarses et doigts de couleur jaune, les tarses garnis extérieurement de plumes abondantes en forme de guêtres. Ailes et queue rudimentaires.

Caractère doux, sociable et familier.

Mœurs sédentaires, peu vagabondes ; se plaît et prospère dans un petit espace.

Chair peu estimée à l'état pur ; mais le croisement du Cochinchinois avec le Combattant, le Dorking, le Houdan, donne un rôti de fort calibre et très savoureux.

Coq Cochinchinois fauve.

Ponte annuelle d'une centaine d'œufs. Cette race est une de celles qui pondent même l'hiver.

Œufs de grosseur moyenne, de couleur fauve, du poids de 55 à 60 grammes. L'œuf, chez cette race comme chez beaucoup d'autres que nous allons mentionner, n'est pas en rapport avec la taille de la pondeuse.

La poule est couveuse enragée et demande à couver à toutes les fins de ponte. Le moyen de corriger cette manie dans ce qu'elle a d'excessif consiste à dépayser le sujet et à le changer d'installation. D'ailleurs bonne mère et conduisant ses poussins jusqu'à un âge très avancé.

La race comporte plusieurs variétés.

La variété Perdrix : coq à manteau rouge acajou, à plastron noir; poule gris perdrix.

La variété blanche.

La variété noire, race peu estimée, et très rare à l'état pur. On la confond souvent avec la Langshan, qu'elle est loin de valoir à tous égards.

Enfin, la variété fauve.

Race de Brahma-Pootra.

Cette race, d'après M. Jacque, serait une variété de la Cochinchinoise, supérieure comme poids, comme qualités comes-

Poule Brahma-Pootra herminée à crête frisée.   Coq Brahma-Pootra herminé à crête frisée.

tibles et comme pondeuse, à la race mère. Excellente couveuse et éleveuse.

Quant à la forme de la crête, les avis sont partagés. En France, on l'admet à crête simple; en Angleterre on prétend qu'elle doit avoir la crête frisée.

Chez cette race, comme chez la Cochinchinoise d'ailleurs, on considère comme un défaut, des plumes longues et droites faisant saillie sur le talon ou calcanéum, appelées manchettes; le talon pour être correct doit être simplement recouvert de

Coq et Poule Brahma inverses à crête frisée.

plumes molles ne faisant pas saillie. Pattes guêtrées comme celles de la Cochinchinoise.

La Brahma comporte deux variétés :

L'herminée à la livrée blanc argenté,

L'inverse au plumage gris cendré, chaque plume d'un dessin net et bien déterminé; le coq inverse a le plastron noir à reflets.

Les poussins de cette race, lorsque le duvet de la première enfance fait place aux plumes naissantes se trouvent dénudés en partie; le remplacement ne se fait pas au fur et à mesure comme chez les poussins des autres races, et ils demandent alors des soins particuliers pour les préserver du froid, suivant l'état de la température.

Ponte annuelle : 130 œufs du poids moyen de 58 grammes.

Poids du coq adulte : de 3 kilogs 500 à 5 kilogs et plus.

Race de Langshan.

Cette magnifique race, importée du nord de la Chine par le major Croad en 1872, est une des plus belles acquisitions de nos parquets, en fait de poules étrangères.

Coq Langshan.

Son plumage est d'un noir soyeux, à reflets verts, d'un brillant d'acier.

La crête est droite et dentelée, les oreillons et les barbillons rouges, les pattes gris ardoise ou plomb foncé, garnies de quelques plumes molles.

Il semble que cette volaille, qui ne le cède en rien comme poids et comme volume à la Brahma, soit la Brahma revue et corrigée dans tout ce que celle-ci a de défectueux.

Poule Langshan.

Chair blanche, fine et délicate, squelette léger. Tête petite, surmontant un cou gracieusement arqué, ce qui lui donne, malgré sa masse, un grand cachet d'élégance. Propension à l'incubation assez prononcée, mais moins accentuée que chez la Brahma où elle est ennuyeuse par son exagération.

Ponte abondante. L'auteur de la Poule pratique dans une expérience de fécondité comparée a trouvé le résultat suivant, donné par un petit troupeau de Langshans provenant de nos parquets ; ponte de 166 œufs par poule, alors que les autres poules soumises à l'expérience : Espagnoles, Campines, Combattantes, n'avaient pas dépassé le chiffre 111. Pour son expérience M. Leroy avait enfermé dans des installations de même étendue, à même exposition, dans des conditions identiques, des volailles de même âge (18 mois à 2 ans) en plein rapport ; n'avait rien négligé en un mot de ce qui peut rendre une expérience de ce genre aussi concluante que possible.

La Langshan est une des poules à rechercher qui pondent l'hiver. Son œuf, de couleur rose orangé est relativement petit, comme celui de la Cochinchinoise et celui de la Brahma, mais il faut tenir compte de cette particularité que la portion du jaune contenu dans cet œuf est relativement plus considérable que dans un œuf ordinaire. L'œuf de la Langshan ne renferme presque pas de blanc. Or il est reconnu en cuisine comme en pâtisserie que le jaune est à peu près exclusivement la portion utile d'un œuf.

Enfin, la première enfance du poussin de la Langshan n'est pas soumise aux mêmes inconvénients que celle du petit poulet Brahma, en ce sens que la première plume chez ce poussin, remplace le duvet au fur et à mesure, sans solution de continuité.

Une particularité curieuse à noter, c'est la couleur de la livrée des jeunes poussins de Langhsan : aucun d'eux n'est complètement noir ; leur duvet est noir et blanc ; la première plume est également de ces deux couleurs et votre première idée, si votre troupeau provient d'œufs achetés chez un éleveur, est de vous dire : « ces sujets ne sont pas purs ; évidemment je suis volé. » Eh bien, il n'en est rien et soyez persuadé que si vous avez fait emplette chez un marchand sérieux ces premières plumes blanches feront place à des plumes noires et qu'à 4 ou 5 mois, âge où vos poussins seront devenus grands garçons, la livrée sera tout entière du plus beau noir pur de tout mélange.

La Langshan croît lentement, et ce n'est guère que la deuxième année qu'elle a atteint son entier développement, mais alors elle est splendide, de masse imposante, de formes gracieuses avec son col ondulé et sa tête petite, de livrée à reflets brillants comme de l'acier.

Cette race est familière, de mœurs très douces, apte à se plaire dans un petit espace.

Poids du coq : 3 à 4 kilogrammes et plus.

Race Wyandotte.

Cette race, de création nouvelle, paraît avoir été produite à l'aide de la Brahma et de la Bantam qui lui auraient transmis

Coq et poule Wyandottes argentés.

la première sa taille énorme, la seconde sa livrée de plumes régulièrement bordées d'un liséré noir.

C'est une grosse race, en l'honneur de laquelle on a battu la grosse caisse et fait beaucoup de réclame, à ce point qu'elle a fini par devenir à la mode. Souhaitons-lui que cela dure. Le grand inconvénient de ces races de création nouvelle et qui n'ont pas encore fait leurs preuves, c'est la tendance à retourner à leurs premiers facteurs, à perdre la netteté du dessin de la livrée à laquelle ils ont dû leurs premiers succès. Cet inconvénient, auquel plusieurs exposants de notre connaissance ont dû leurs échecs dans les concours, est commun à toutes les volailles à livrée d'un dessin déterminé : Hambourgs, Bantams, Padoues et autres. Il est facile d'y remédier par une sélection sévère, telle que celle que nous pratiquons à la Croix-Verte, en éliminant rigoureusement du troupeau d'élèves tout sujet dont la livrée laisse à désirer.

Ponte annuelle : 140 œufs du poids moyen de 60 grammes.

Poule bonne couveuse et bonne mère.

Chair médiocre. Poids du coq adulte : 3 kilogs.

Cette race est une de celles de mœurs tranquilles qui peuvent prospérer dans un petit espace.

Elle comporte deux variétés : l'argentée et la dorée. L'argentée est sans contredit la plus jolie parce que le liséré noir qui borde chaque plume se détache plus nettement sur un fond blanc que sur un fond de couleur.

Race Plymouth-Rock.

Grosse race américaine, à crête simple et dentelée, à plumage coucou, à pattes jaunes et nues.

Bonne pondeuse, même l'hiver ; son œuf est couleur saumon clair, de bonne grosseur. Grandes propensions à l'incubation. Chair très délicate.

L'éducation des jeunes ne souffre aucune difficulté. Dès le lendemain de la naissance, dès l'âge du duvet vous êtes à même de distinguer les sexes ; la femelle est de couleur gris foncé, presque noire ; le mâle, gris argenté. Quand les plumes auront remplacé le duvet, la livrée du mâle sera d'un beau gris argenté tirant sur le blanc ; celle de la femelle sera coucou cendré, de nuance claire dans la première enfance et devenant plus foncé à mesure que le sujet avance en âge.

Grande aptitude à prendre de la graisse et grande précocité de ponte. Cette race mérite d'être connue.

Poids du coq adulte : 4 kilogr. 500 grammes, pris dans les beaux types.

Race de Dorking.

Cette belle race, au dire de certains auteurs, serait d'origine française. Comme la poule Picarde et la poule de Houdan, elle

Coq Dorking.

est à pattes nues, couleur de chair, terminées par cinq doigts. Les Anglais l'ont améliorée sous divers rapports de manière à en faire une volaille actuellement très en faveur et qui se fait apprécier de plus en plus.

Le coq est à crête droite, large et dentelée; trapu, massif, les pectoraux très développés; son poids atteint, à l'âge adulte, jusqu'à 3 kilogr. et demi et même 4 kilogrammes.

La poule donne une ponte abondante, de 125 œufs blancs du poids de 60 grammes; est bonne couveuse et excellente éleveuse.

Il faut à cette race, pour prospérer, un certain parcours.

Elle est de plus sensible aux atteintes de l'humidité, ce qui a nui, au début, à sa propagation chez nous, et on se demande comment il se fait qu'avec ce genre de tempérament elle ait pu prospérer en Angleterre où les brouillards et l'humidité ne manquent pas.

La raison en est bien simple, c'est qu'en Angleterre elle jouit d'un parcours illimité dans de vastes prairies, où elle trouve

Coq et poule Dorking argentés.

par la récolte des insectes qui pullulent dans les herbes : vers de terre, scarabées, fourmis des gazons, petits mollusques, etc., un fonds d'alimentation azotée qui est son meilleur préservatif contre l'influence du climat. Les premiers sujets d'importation nous ont été vendus par des amateurs anglais à prix d'or, ce qui fait qu'on les a tenus en parquets, comme des sujets précieux à ne pas perdre de vue, dans des installations ordinaires trop exiguës pour cette race plantureuse et il s'ensuivit que les premières reproductions donnèrent lieu à des mécomptes; mais actuellement l'élève de la Dorking est bien entré dans la pratique et nous élevons couramment cette belle race dans nos grands parquets de la Croix-Verte, où elle nous donne toute satisfaction. La vraie place de la Dorking est la ferme (nous parlons de la ferme ayant accès directement aux champs), avec le grand parcours et la demi liberté. A la ferme, elle ferait merveille.

La Dorking comporte plusieurs variétés qui toutes se valent au point de vue utilitaire et qui ne diffèrent que par les couleurs.

Il y a la variété grise dite ordinaire, l'argentée, la dorée, la blanche et la coucou.

Sa chair exquise fait de cette poule anglaise une rivale de nos meilleures races françaises : Crèvecœur, Houdan et autres.

Race de la Flèche.

Magnifique race à plumage noir lustré, assez haute sur pattes (qui sont gris plomb foncé), ce qui donne au port de l'oiseau un grand cachet d'élégance.

La race est caractérisée par la forme originale de la crête qui consiste, chez le coq, en deux petites cornes rondes faisant saillie sur une petite touffe de plumes qui se dressent en épi sur le sommet de la tête et en un petit tubercule charnu qui se trouve implanté à la naissance de la partie supérieure du bec. Chez la poule, les cornes existent également, mais beaucoup plus petites, et à l'état rudimentaire.

L'oreillon est d'un blanc de lait, large et très prononcé.

Cette belle race, un des plus beaux spécimens de l'élevage français, est une des plus aptes à l'engraissement. Le poids du coq atteint jusqu'à 3 kilog. 600 grammes.

Ponte moyenne de 125 œufs du poids de 65 grammes.

De même que l'Espagnole, dont on la suppose issue par voie de croisement et dont elle porte l'estampille sous forme d'oreillon blanc, cette poule ne couve pas.

En général, on s'accorde à dire que cette race est lente dans sa croissance et délicate à élever. Pour notre part, voici le résultat d'une expérience que nous avons faite en 1891; dix poussins éclos le 5 juin, dont six mâles et quatre femelles ont donné les poids suivants, pris à différentes périodes de leur croissance. A 56 jours ils pesaient, l'un dans l'autre, $0^k,741$; à 91 jours les coqs pesaient $1^k,620$, les poules $1^k,200$; à 123 jours, le poids des coqs était de $1^k,891$, celui des poules, $1^k,450$;

Coq et poule de La Flèche.

à 155 jours, coqs $2^k,500$, poules $1^k,750$; à 167 jours : coqs, pièce $2^k,591$, poules $1^k,975$; à 189 jours, coqs $2^k,837$, poules $2^k,387$.

Deux poulettes ont donné leur premier œuf à l'âge de 177 jours. Les premiers œufs pesaient 50, 55 et 57 grammes.

Tous ces chiffres ont été par nous très exactement relevés.

Race du Mans.

Cette race ne diffère de celle de la Flèche que par la forme de la crête qui est large, frisée, terminée en pointe en arrière. Pour le reste, même livrée, mêmes aptitudes, mêmes qualités.

Race de Crèvecœur.

Caractérisée par la huppe de plumes touffues qui lui fait une sorte de coiffure originale, par une paire d'excroissances charnues en forme de cornes et par l'arrangement des plumes de la face et de la naissance du cou, qui figurent des favoris et une cravate; cette race est renommée pour la finesse et la blancheur de sa chair.

Elle est très précoce, et dès l'âge de trois mois, est apte à être soumise à l'engraissement. Le coq, à l'âge adulte, atteint le poids de 3 kilog.

Ponte de 80 œufs du poids de 70 grammes, et tout blancs. Incubation nulle.

La race comporte plusieurs variétés.

1° La noire, la plus répandue.

2° La blanche, très originale et très jolie.

3° La variété cendrée ou bleu ardoise.

La Crèvecœur est sensible à l'humidité et ne prospère bien qu'en Normandie, mais la Poule de Caumont, qui est une variété de la Crèvecœur, dont elle ne diffère que par la huppe qui est moins touffue et par l'absence de cravate, est susceptible de prospérer partout ailleurs que dans son pays d'origine, par suite de son tempérament robuste et résistant. La Caumont a de plus sur la Crèvecœur l'avantage d'être excellente pondeuse. Seulement, elle est moins jolie et moins décorative. On ne saurait tout avoir.

Race de Barbezieux.

: Livrée noire à reflets; crête droite et très développée chez le coq; pliée chez la poule; oreillon blanc; pattes gris plomb et très hautes; chair très estimée; excellente pour la ponte qui est abondante. La poule, sans être une couveuse hors ligne, est susceptible de couver à ses heures et dans ce cas elle est très bonne mère, attentive à ses poussins.

Race Courtes-Pattes.

Livrée noir brillant; crête droite et dentelée chez le coq, pliée chez la poule; oreillon blanc; pattes plomb foncé et très courtes, ce qui donne à cette volaille un aspect disgracieux. Mais cette petitesse des pattes a son avantage, elle permet à la rigueur de donner l'accès au jardin à cette race qui est empêchée de gratter et ne saurait commettre de grands dommages.

Coq Courtes-pattes.

Chair excellente.

La poule est bonne pondeuse, mais couveuse tardive.

Moyenne de la ponte 145 œufs du poids de 60 grammes.

Poids du coq adulte 2 kilogs et plus.

Race de la Bresse.

De magnifique prestance, comme l'Espagnol dont il paraît être issu, le coq de cette race a le chef orné d'une crête droite très développée, dentelée; l'oreillon blanc; la patte gris cendré; la queue ornée de longues faucilles.

La poule est bonne pondeuse, bonne couveuse, excellente mère.

Chair fine et justement renommée.

Cette race aime la liberté et convient à toute ferme confinant aux champs, où elle est très habile à chercher elle-même sa nourriture.

Elle comprend plusieurs variétés; la noire; la blanche, la bleu cendré, la grise. La noire est la plus estimée. Les autres se confondent en général avec les poules communes ou poules de pays.

Ponte moyenne : 160 œufs du poids de 70 grammes.

Poids du coq adulte : 2 kilog. 200.

Race de Houdan.

L'une des gloires de l'élevage français, cette magnifique race, à la livrée cailloutée blanc et noir, est aujourd'hui très

Poule Houdan.

répandue et se plaît partout; à la ferme en demi-liberté, ou séquestrée dans un parquet.

De même que la race de Crévecœur dont elle est la rivale sous le rapport de la succulence de la chair, de la précocité

et de l'aptitude à prendre de la graisse, mais qu'elle sur-
passe en fécondité, la Houdan porte la huppe, les favoris et
la cravatte. La crête seulement diffère. Chez le coq de Houdan, la crête affecte la forme de deux feuilles de chêne aplaties
s'épanouissant de chaque côté de la tête et séparées par une

Coq Houdan.

excroissance rouge. Le corps est trapu, la patte couleur chair,
cinq doigts bien détachés.

La race n'est pas couveuse.

Ponte moyenne 140 œufs du poids de 60 grammes.

Poids du coq adulte 2 kilog. 800 grammes.

Race Espagnole.

Crête droite, large et dentelée chez le coq, pliée chez la
poule; joues et larges oreillons blancs; riche livrée noire
criblée de reflets éblouissants; pattes gris plomb; attitude

haute et fière; allures vives et déterminées, tels sont les principaux caractères de cette vollaille splendide, à l'aide de laquelle
paraissent avoir été créées pas mal de races parmi les plus
estimées, reconnaissables à l'oreillon blanc, qui est comme
l'estampille de la race mère.

Coq espagnol.

La race Espagnole est vigoureuse, rustique, vagabonde dé-
brouillarde et active dans la recherche de sa nourriture, grat-
teuse et chercheuse de vers et conviendrait admirablement à
la ferme.

Ses œufs, d'un beau blanc, sont énormes et elle en pond
des quantités. Seulement, elle ne couve pas. Moyenne de la
ponte : 120 œufs du poids de 72 grammes.

Sa chair, non plus, n'est pas de première qualité quoique
cependant estimable, mais elle n'atteint jamais la saveur de
celle des volailles fléchoises, de Barbezieux et autres, auxquelles

on prétend, avec quelque apparence de raison, qu'elle a donné naissance.

A l'élevage, les poussins de l'Espagnole réclament quelques soins particuliers parce que la première pousse des plumes au moment où ils perdent leur duvet, les laisse à moitié nus pendant une certaine période de leur croissance. Il est donc utile de veiller à ce qu'ils ne se refroidissent pas.

A part cette particularité, qui leur est commune avec les

Tête de poule espagnole.

poussins de la Brahma, l'éducation des jeunes sujets ne présente aucune difficulté.

Poids du coq adulte : 2 kilogr. 500 grammes.

Race Andalouse.

Paraît n'être qu'une variété de l'Espagnole, à cela près que le plumage est bleu cendré, chaque plume bordée d'un liséré plus foncé, et que la joue est rouge au lieu d'être blanche.

La race de Minorque est également une variété de l'Espagnole avec les mêmes aptitudes, les mêmes qualités et les mêmes défauts. Mauvaise couveuse.

Ponte moyenne : 155 œufs du poids de 75 grammes.

Poids du coq adulte : 3 kilogr. 200 grammes.

Chair excellente. Ferait merveille à la ferme pour son aptitude à chercher sa vie, l'abondance et la qualité de ses produits.

Coq et Poule de Minorque.

Race de combat.

Le représentant le plus en vue de cette race d'élite, recommandable à divers points de vue et qui paraît être la souche de la plupart de nos volailles de ferme du centre et du nord de la France, est le type dit *Anglais rouge-noir*, de fière prestance, haut sur pattes, l'attitude droite, toujours prêt à la provocation comme s'il allait mettre flamberge au vent. Cette race querelleuse demande une installation bien close, car elle est vagabonde et ne cherche que l'occasion de passer par-dessus les clôtures pour aller chercher noise aux autres habitants de la basse-cour ou pour se livrer au pillage des plates-bandes ou des champs environnants.

Le coq a la tête petite, le bec fort, la crête droite, dentelée et maigre; la poule a la crête pliée. Pattes nues, couleur branche de saule.

Race très apte à chercher sa vie dans les champs et conviendrait pour la ferme. Bonne pondeuse (110 œufs du poids de

60 grammes); couveuse à ses heures, assez tard en saison, mais à la condition qu'on l'abandonne à elle-même. La poule, demi-sauvage, n'aime pas qu'on se mêle de son affaire, qu'on la lève pour manger, qu'on la remette au nid, qu'on la gouverne; dans ce cas elle se débat et se livre à des mouvements désordonnés de nature à convertir la couvée en omelette et quelquefois elle se dépite et abandonne son nid. Tant pis pour vous si vous la dérangez; elle vous laisse pour compte la suite de l'incubation.

Coq rouge-noir de combat anglais.

Tirez-vous de là comme vous pourrez : quant à elle, elle s'en lave les... pattes.

Le combattant comporte plusieurs variétés dont les plus répandues sont :

1° La variété *Black red* à plastron noir, camail et lancettes rouge orange, miroir des ailes rouge acajou. Pris dans les beaux types, la livrée du coq peut rivaliser comme éclat et vivacité des couleurs, avec celle du faisan doré. La poule est gris perdrix, plastron roux.

2° La variété argentée à ailes de canard, très jolie aussi, mais de livrée moins tapageuse. Poule gris cendré, plastron roux.

3° La variété *Pile* au plumage blanc, miroir cuivré sur les ailes.

La chair du combattant est exquise, lourde, compacte, et rappelle celle du faisan. Poids du coq adulte : 3 kilogr.

Race de Leghorn.

Cette race, qui n'est autre que la poule italienne améliorée, nous vient des États-Unis d'Amérique. Comme formes, elle

Coq et poule de Leghorn.

rappelle un peu l'Espagnole ; elle est à pattes jaunes et sa chair est peu estimée. Elle se refuse à l'incubation. Par contre, elle s'est fait, comme pondeuse, une réputation, propagée par la réclame, presque aussi considérable que celle de M. Géraudel avec ses pastilles. La Leghorn est assurément bonne pondeuse, mais la grosse caisse de la renommée qui se paie est pour quelque chose dans son affaire et vous pouvez être persuadé qu'elle se ruine en frais d'annonces.

Bonne pondeuse, nous n'allons pas à l'encontre ; c'est une qualité qu'elle partage avec l'Espagnole, la Campine, la Combattante et bien d'autres. Quant à donner couramment *une moyenne* de deux cent cinquante œufs et plus par an, nous ne demanderions pas mieux que de voir cela. La ponte est en réalité de 150 œufs, ce qui est déjà un joli chiffre, et du poids de 65 grammes.

Bonne couveuse. Chair médiocre. Poids du coq : 2 kilog. 500.

La Leghorn comprend deux variétés : la variété rouge et la variété blanche.

Races Coucou.

Belles volailles, rustiques, à la livrée originale et d'un dessin régulier. Crête droite et dentelée chez le coq.

Coq et poule Coucou de Malines.

Conviennent pour la ferme.

Chaque pays a sa poule Coucou.

Il y a la Coucou d'Écosse, pattes roses,

la Coucou de Rennes,

la Coucou de Malines,

la Coucou d'Anvers,

Et peut-être d'autres encore.

La Coucou de Malines, l'une des plus estimées, que nous tenons en parquet, se montre bonne pondeuse (140 œufs du poids de 58 grammes) et de plus, pondeuse d'hiver. Bonne couveuse et bonne mère par-dessus le marché. Poids du coq de la Malines : 3 kilogr.

Race de Padoue.

Cette race, caractérisée par l'ampleur extraordinaire de sa huppe et qui paraît être une des races mères qui ont servi à

Coq Padoue argenté.

la création des diverses poules huppées qui peuplent nos basses-cours, est à l'heure qu'il est une race d'agrément par excellence.

L'excentricité de sa coiffure, dont les plumes lui retombent jusque sur les yeux, la rend inhabile à se défendre et à chercher sa nourriture dans les champs. C'est donc une poule de parquet, une poule bourgeoise à laquelle il faut servir son menu.

Elle est très décorative, au surplus, avec sa livrée d'un dessin régulier dont chaque plume est bordée d'un liseré noir.

La chair de la Padoue est d'une grande finesse. Cette race, bonne pondeuse, donne une centaine d'œufs du poids de 60 grammes et est mauvaise couveuse.

La Padoue comprend plusieurs variétés dont les plus connues sont :

Coq et poule Padoue dorés.

L'Argentée,

La Dorée,

La Chamois,

L'Herminée.

La Padoue hollandaise, autrefois fort rare, mais qui commence à se répandre, doit ses succès à l'originalité de sa mise qui consiste en un plumage du plus beau noir, la tête surmontée d'une huppe entièrement blanche, sauf un pinceau de plumes noires au dessus du bec. Rien de curieux comme ce contraste.

Il existe de la Hollandaise une variété bleue également à huppe blanche. Ponte de 110 œufs du poids de 62 grammes.

Nous possédons dans nos parquets une Padoue frisée du Chili, toute blanche, qui est une vraie rareté, et dont la vue arrache un cri d'admiration.

Cette frisée du Chili est excellente pondeuse : 130 œufs du poids de 65 grammes.

Le poids moyen du coq de toutes ces Padoue est de 2 kilog. à 2 kilog. 500.

Les Padoue n'ont ni crête ni barbillons, ou seulement à l'état rudimentaire.

Le coq Padoue Hollandais seul porte des barbillons très longs, d'un beau rouge,

Race de Hambourg.

Remarquable par sa crête frisée, très volumineuse chez le coq et se terminant en pointe par derrière, remarquable aussi

Coq Hambourg argenté.

par la richesse de sa livrée, cette race, de taille un peu au-dessous de la moyenne, est estimée pour la finesse de sa chair et pour sa grande fécondité.

Chez la Hambourg proprement dite, chaque plume porte une

tache ronde d'un noir brillant, ce qui donne à l'ensemble de la livrée un cachet d'originalité très remarquable.

La race est vagabonde, apte à chercher sa subsistance, et conviendrait admirablement pour la ferme. Elle prospère néanmoins en parquet et fait partie de toute collection d'amateur.

Elle ne demande pas à couver.

On distingue deux variétés principales :

La Hambourg dorée et l'argentée.

Ponte moyenne de 130 à 160 œufs pesant 45 grammes.

Poids du coq adulte : 1 kilog. et demi.

Race de Campine.

Poule de Campine.

Cette race très jolie, très élégante, diffère peu de la Hambourg, avec laquelle elle a beaucoup de ressemblance comme plumage et comme caractères. On l'a surnommée : *poule pond tous les jours*, quoique sa ponte ne soit pas supérieure à celle de la Hambourg. Excellente pour les fermes de grande étendue, sa vivacité et la rapidité de son vol la mettant plus que d'autres à l'abri des maraudeurs et des carnassiers.

Cette race, comme la Hambourg, comprend deux variétés principales : l'argentée, et la dorée, cette dernière plus délicate que la précédente. Ponte moyenne de la Campine argentée 160 œufs; de la dorée 130 œufs, du poids de 45 grammes. Incubation nulle. Qualités comestibles estimées. Poids du coq adulte : 1 kilog. 500.

Race de Transylvanie.

Cette race étrangère, remarquable par la nudité absolue de son cou, qui est d'un rouge violacé, est peu connue; mais elle se recommande à la volière, malgré l'originalité disgracieuse de sa conformation, par l'abondance de sa ponte et la grosseur de ses œufs. Nous la cultivons depuis des années et elle nous donne toute satisfaction.

Nous ajouterons qu'elle est assez bonne couveuse et que la qualité de sa chair ne laisse rien à désirer.

Elle n'a pas de livrée bien déterminée, et vous en trouvez de toutes les couleurs; mais sa forme originale ne laisse aucun doute, quelle que soit la nuance, sur la pureté de cette race bien définie, qu'il est impossible de confondre avec aucune autre.

Ponte moyenne 145 œufs du poids de 70 grammes.

Le coq pèse 2 kilog. 500 à l'état adulte.

Chair de bonne qualité.

Couveuse ordinaire.

Nous avons à peu près épuisé la série des volailles de grande taille et de taille moyenne. Il nous reste à passer en revue, pour être complet, les races demi-naines et naines les plus connues, si gentilles en parquet, si faciles à loger dans de petits emplacements, toujours assez spacieux pour ces Lilliputiennes ; si précieuses enfin pour l'incubation des œufs de perdrix, de cailles, de faisans, d'oiseaux rares.

Race Anglaise naine.

Livrée blanche. Poule rustique, couveuse infatigable et pouvant amener jusqu'à deux et même trois séries d'œufs successives ; commence à garder le nid dès qu'elle a donné sa première ponte.

Poids du coq adulte : 950 grammes.

Ponte de 150 œufs du poids de 40 grammes.

Chair excellente.

Race nègre du Japon.

Très originale, sous sa livrée de duvet blanc. Chair noire, crête frisée rouge noir, oreillon bleu nacré, petite huppe, pattes

Poule nègre.

plus ou moins couvertes de duvet, cinq doigts bien détachés.

Cette poule, de la douceur du mouton, véritable édredon vivant, lente dans ses mouvements, maniable au possible, est la benjamine des faisandiers et des éleveurs qui lui confient des

œufs précieux sans crainte de casse ou d'écrasement des nouveau-nés.

Pond l'hiver. Demande à couver en toute saison.

Ponte moyenne de 140 œufs, du poids de 40 grammes.

Poids du coq adulte : 650 grammes.

Chair détestable. Cette race ne brille pas par les qualités
comestibles.

Race de Bantam.

Crête frisée terminée en pointe en arrière, chaque plume
bordée régulièrement d'un liséré noir, ailes pendantes; le coq
doit avoir les plumes caudales droites et sans faucilles.

La poule donne une centaine d'œufs du poids de 35 grammes.

Son poids moyen est de 600 grammes.

Les variétés les plus connues de cette race sont :

La variété argentée,

La variété dorée,

La variété citronnée.

Bonne couveuse, chair excellente.

Il existe, sous le nom de *Bantam de Pékin* une race naine
fort jolie, qui est comme une réduction de la Cochinchinoise,
réduction à un degré tel, que le coq Bantam de Pékin à l'état
adulte ne pèse pas plus de 550 grammes.

Chair médiocre, comme celle de la Cochinchinoise.

La poule est bonne pondeuse (140 œufs du poids moyen de
35 grammes); excellente couveuse et pleine d'attentions pour
ses petits.

Race de Nangasaki.

Race naine, originaire du Japon. Pattes jaunes très courtes,
ce qui permet de la lâcher au jardin où elle est presque inof-
fensive; livrée blanche, ou blanche avec l'extrémité des ailes
et de la queue noire.

Ponte de 130 œufs du poids de 30 grammes. Excellente cou-

Tableau récapitulatif qui permet, d'embrasser d'un coup d'œil, et de comparer les mérites divers des races les plus connues, qui, toutes, prospèrent dans nos parquets de La Croix-Verte à Autun, que tous les amateurs sont invités à visiter (1).

RACES.	LIVRÉE DES SUJETS ADULTES.	LIVRÉE DES POUSSINS À LA NAISSANCE.	PONTE ANNUELLE.	POIDS DE L'ŒUF DE LA POULE ADULTE.	POIDS DES POUSSINS À 6 MOIS COQS.	POIDS DES SUJETS ADULTES COQS.	CARACTÈRES. QUALITÉS DES RACES. SOINS PARTICULIERS.	INCUBATION.	QUALITÉS COMESTIBLES.	OBSERVATIONS.
Houdan.	Blanc-noir caillouté.	Noir et blanc jaunâtre.	140	0 60	2k050	2k800	Élevage prompt et facile sous tous les climats.	Nulle.	Excellentes.	
Crèvecœur.	Noir.	Noir et blanc, ventre jaune.	80	0 70	2 500	3k	Délicat, craint l'humidité.	Nulle.	Exquises, graisse fine.	Il existe une variété blanche très jolie.
La Flèche.	Noir.	Noir et blanc, jaunâtre.	125	0 65	2 850	3 000	Demande un grand parcours, une nourriture animalisée.	Nulle.	Très bonnes.	Croissance aussi rapide que celle des autres races.
Courtes-Pattes.	Noir.	Noir, et blanc sous le ventre.	145	0 60	1 700	2k	Ne gratte pas, demande un terrain sec.	Bonne.	Bonnes.	S'élève facilement.
Bresse.	Noir.	Noir et blanc jaunâtre.	160	0 70	1 850	2 200	Vive, rustique, bonne poule de ferme.	Bonne, ombrageuse.	Exquises.	
Grand-Combattant anglais doré.	Rouge et noir.	Gris et marron.	110	0 60	1 900	3k	Rustique, vagabonde.	Bonne.	Bonnes.	Convient pour renouveler le sang des poules de ferme.
Dorking.	Gris et roux.	Gris-marron.	125	0 60	2 800	3 500	Demande pour bien s'acclimater une nourriture animée.	Excellente.	Exquises.	Pondeuse, variété dont la blanche/l'argentée est la plus jolie.
Wyandotte argentée.	Blanc gris noir caillouté.	Noir et gris.	140	0 60	3k	3k	Douce, élevage facile, se plaît dans un petit espace.	Excellente.	Médiocres.	
Langshan.	Noir.	Noir, blanc jaunâtre.	170	0 58	2 900	3k4	Idem.	Excellente.	Très bonnes.	Recommandable, pond l'hiver.
Brahma herminé.	Blanc et noir.	Blanc, avec un peu de gris.	130	0 58	2 500	3 800	Ida.	Excellente.	Bonnes.	Plusieurs variétés. L'herminée est la plus estimée.
Coucou de Malines.	Gris caillouté coucou.	Noir, gris et jaunâtre.	140	0 58	2 500	3k	Excellente pour la ferme, douce; élevage facile.	Excellente.	Bonnes.	Pond l'hiver.
Cochinchinois fauve.	Jaune fauve.	Fauve clair.	100	0 55	2 400	4k	Difficile à élever; craint la vermine.	Excellente, éleveuse de 1er ordre.	Médiocres.	Conduit très longtemps ses poussins; apte à élever des poussins de races naines.
Espagnol.	Noir.	Noir, blanc jaunâtre.	180	0 72	1 850	2 500	Délicate, croît lentement; demande nourriture animalisée.	Couve peu.	Bonnes.	
Transylvanie.	Toutes couleurs, cou déplumé.	Toutes nuances.	145	0 70	1 900	2 500	Rustique et vive, rustique, convient pour la ferme.	Ordinaire.	Bonnes.	Recommandable malgré sa laideur.
Leghorn variété rouge.	Gris jaune havane.	Havane clair, brun.	150	0 70	1 700	2 000	Bonne poule de ferme, rustique.	Bonne.	Médiocres.	
Minorque.	Noir.	Noir, blanc jaunâtre.	155	0 75	2 400	3 800	Délicate au début, peu robuste. Bonne pour la ferme.	Couve peu.	Excellentes.	
Padoue hollandais.	Noir, huppe blanche.	Noir, blanc jaunâtre.	110	0 62	1 700	2 500	Race délicate et d'agrément.	Couve peu.	Bonnes.	
Padoue doré.	Noir, marron, jaune foncé caillouté.	Marron, brun foncé.	100	0 60	1 700	2 500	Race d'agrément.	Nulle.	Bonnes.	
Padoue argenté.	Blanc, noir caillouté.	Blanc gris.	130	0 63	1 500	2k	Poule d'agrément.	Presque nulle.	Bonnes.	
Padoue frisé du Chili.	Blanc, plumes frisées.	Blanc.	130	0 63	1 500	2k	Race décorative, très douce.	Presque nulle.	Excellentes.	Sujet d'amateur, assez rare.
Hambourg argenté.	Blanc, noir et caillouté.	Gris, blanc et noir.	140	0 48	1k	1 500	Race vive, d'un élevage facile.	Passable.	Bonnes.	Recommandable pour la ferme.
Campine doré.	Noir et jaune foncé.	Brun jaunâtre.	130	0 45	1k	1 500	Poule sauvage. Élevage difficile.	Presque nulle.	Bonnes.	Conviendrait pour mener des perdreaux lorsqu'elle veut couver.
Campine argenté.	Blanc, gris et noir.	Blanc parsemé de gris.	160	0 45	1k	1 500	Poule vive, s'élevant facilement.	Nulle.	Bonnes.	Mêmes aptitudes que la dorée.
Nègre-soie.	Blanc neige.	Blanc, un peu jaunâtre.	140	0 40	0 500	0 050	Bonne éleveuse.	Excellente.	Mauvaises.	
Bantam citronné.	Noir et jaune foncé.	Noir et roux.	100	0 35	0 450	0 000	Difficile à élever.	Bonne.	Excellentes.	Race naine d'agrément très jolie.
Bantam argenté.	Blanc et noir.	Blanc et gris.	100	0 33	0 450	0 000	Idem.	Idem.	Idem.	Idem.
Java.	Noir.	Noir et blanc jaunâtre.	110	0 32	0 300	0 300	Naine. Délicate à élever.	Bonne.	Excellentes.	
Bantam de Pékin.	Jaune.	Jaune clair.	140	0 35	0 400	0 350	Miniature de la Cochinchinoise. Délicate.	Excellente.	Médiocres.	Très bonne mère.
Nangasaki.	Blanc, un peu de noir.	Presque blanc.	130	0 30	0 350	0 350	Poule délicate. Coq très fier.	Bonne.	Excellentes.	
Combattant nain doré.	Jaune, noir.	Gris, marron strié.	125	0 30	0 350	0 500	Réduction du Grand Combattant. S'élève difficilement.	Excellente.	Très bonnes.	Coq fier et batailleur.
Combattant nain argenté.	Gris blanc, roux et noir.	Gris marron.	125	0 33	0 350	0 500	Livrée du Dorking argenté. Difficile à élever.	Bonne.	Très bonnes.	
Anglais nain.	Blanc.	Blanc.	150	0 40	0 650	0 050	Facile à élever.	Excellente.	Très bonnes.	Convient pour mener les perdreaux et faisandeaux.
Nains métis.	Toutes couleurs.	Toutes couleurs.	170	0 40	Tous poids.	Tous poids.	Idem.	Bonne.	Bonnes.	Pondeuse et éleveuse infatigables. Race de faisanderie.

(1) Autun est situé sur l'embranchement de Nevers à Chagny. On y arrive soit par Nevers, soit par Chagny, soit par Laroche.

veuse, mais de santé délicate, incapable par conséquent de mener à bien, comme le fait l'Anglaise, plusieurs incubations consécutives.

Chair excellente.

Poids du coq : 500 grammes.

Race de Java.

Crête frisée et noirâtre, oreillon blanc, livrée noire. Volaille naine très élégante et pleine de vivacité. La poule donne 110 œufs du poids de 32 grammes, et est très bonne couveuse, mais cette poule des pays chauds ne demande à couver que dans la saison chaude, vers le mois de juin, à l'époque où la fauchaison des prairies artificielles met à découvert des nids de cailles ou de perdrix ; alors on peut lui confier les œufs souvent déjà couvés.

Poids du coq : 500 grammes. Race délicate.

La chair est excellente, mais l'oiseau est si petit qu'il ne faudrait pas faire de nombreuses invitations pour savourer un seul exemplaire rôti. Il en faudrait pour le moins une brochette.

Poules naines métis.

Ces poules sans race, produits de poules de ferme mélangées à des races naines, principalement à la race Anglaise, sont très recherchées des faisandiers à cause de leur rusticité exceptionnelle qui permet de les charger de plusieurs incubations successives. Pondeuses et couveuses infatigables. Il y en a de tous les poids et de toutes les couleurs. Ponte de 170 œufs du poids moyen de 40 grammes.

Combattants nains.

Réduction à sa plus simple expression du grand Combattant Anglais, dont ils ont la livrée et tous les caractères extérieurs.

Poids du coq : 500 grammes.

La poule donne 125 œufs du poids moyen de 30 grammes. Elle est bonne couveuse.

Le combattant nain comporte les mêmes variétés que le grand combattant, dont les principales sont : la dorée, l'argentée et la Pile.

Chair excellente, mais toutes ces races naines sont si mignonnes et si jolies qu'on se résigne difficilement à les sacrifier pour la table.

Nous venons de passer en revue la plupart des races les plus connues, qui sont celles que nous cultivons couramment dans notre établissement d'élevage de la Croix-Verte et dans notre succursale de Valvron. Il existe certainement d'autres variétés, mais moins répandues ; mais, dans le nombre de celles d'aptitudes et de mérites si divers que nous venons de faire passer sous vos yeux, nous serions bien malheureux si nous n'avions pas trouvé de quoi fixer votre choix.

Pour vous aider à déterminer vos préférences, nous allons résumer en quelques lignes quelques conseils dictés par une expérience de longues années.

L'espace dont vous pouvez disposer pour la poulerie est-il très exigu? C'est à des poules sédentaires et de mœurs tranquilles : Cochinchinoises, Brahmas, Langshan, Wyandotte, Négresses du Japon, ou encore à des volailles naines qu'il faut accorder votre petit emplacement.

Sont-ce des couveuses qu'il vous faut? Les mêmes races feront votre affaire, et aussi les Courtes-pattes, le Bressoises, les Dorking, les Coucou de Malines, les Leghorn, et toutes les poules naines.

Mais, sans vous soucier des couveuses, que vous entendez remplacer par des machines, qui ont bien leur intérêt, ce que vous désirez avant tout, ce sont des pondeuses. Alors il faut tourner vos vues du côté des poules Langshan, Leghorn, Minorque, Bressoise, Courtes-pattes, Wyandotte, Coucou, de

Transylvanie, de Hambourg, de Campine, Espagnole, de Padoue.

Ce que quelques amateurs préfèrent, ce sont des races comestibles, dont la chair succulente est en réputation, et ils entendent s'adonner dans la belle saison à la culture de volailles d'un vrai mérite au point de vue de la broche. A ces amateurs nous conseillerons, s'ils habitent le nord ou le centre de la France : la Houdan, la Crèvecœur, la Fléchoise, la Courtes-Pattes, la Combattante, la Dorking, la Campine; s'ils ont leur résidence dans le midi : la Bressoise, la Minorque, la Barbezieux.

Si vous désirez des types tout à la fois d'agrément et de produit en œufs : la Padoue, la Hambourg, la Combattante, l'Espagnole, la Négresse, si bonne pondeuse, même dans la morte saison d'hiver, feront parfaitement votre affaire.

Mais, me direz-vous, ce que nous voudrions avoir, ce sont des poules spéciales aptes à couver et à élever des perdrix, des cailles, des colins, des faisans, des oiseaux de chasse et de volière. Oh, alors, ne cherchez pas; toutes les races naines que nous avons fait passer sous vos yeux sont des spécialistes en pareille matière et des spécialistes qui ont fait leurs preuves.

Plusieurs amateurs nous ayant demandé notre avis sur les moyens d'activer la ponte chez les poules, notamment au sujet de poudres à faire pondre préconisées dans le commerce, nous leur répondons en passant la parole au docteur Mégnin, directeur du journal l'Éleveur :

« Je ne pense rien de bon des *poudres à faire pondre* « dont on fait secret; ces poudres font surtout pondre de l'ar- « gent dans la poche de ceux qui les lancent. » (*L'Éleveur*, n° 364 du 20 décembre 1891.)

On ne dira pas que c'est nous qui le lui avons fait dire.

Le moyen le plus indiqué de provoquer à la ponte consiste à enrichir et varier la nourriture. Voici, à cet effet, un excellent ordinaire que nous recommandons : mélange de sarrasin

3/8, chènevis 1/8, millet 1/8, petit blé 2/8, petit maïs 1/8. . Avec cela un peu de viande de cheval ou autre cuite ou crue, hachée menu, verdure à discrétion.

Dans ce qui précède, vous avez pu remarquer que nous n'avons rien accordé à l'exagération. Point de ces volailles d'un poids extraordinaire, point de ces pondeuses phénomé-

Coq Dinde noir cuivré.

nales au sujet desquelles la réclame fait tant de bruit, ou qui sont le produit de l'imagination d'écrivains qui ne sont pas du métier.

Les chiffres que nous donnons sont des moyennes raisonnables, vraies, réelles, prises sur le fait, et déterminées par le résultat de pas mal d'années d'expériences faites par un praticien qui est du bâtiment.

Pour compléter ce qui est relatif aux gallinacés de la basse-cour, disons deux mots de la Dinde, un manger succulent, tellement apprécié des gourmets qu'il lui a été accordé les honneurs de la truffe.

La Dinde, sous le rapport de la taille et de ses qualités comestibles, mérite d'être proclamée la reine de la basse-cour.

Les plus gros sujets de l'espèce sont les Dindes noires et nous en avons d'énormes dans nos parquets.

La Dinde blanche, plus petite que la précédente, est très recherchée pour sa plume, qui a une certaine valeur dans le commerce.

Le Dindon cuivré est une variété qu'on trouve souvent à la ferme. — Enfin, un Dindon qui commence à être en faveur chez nous tant à cause de sa rusticité qu'à cause de l'éclat de son plumage à reflets éblouissants est le Dindon sauvage de l'Amérique du Nord, qui figure avec honneur dans les expositions.

Palmipèdes.

D'abord les canards. Nous ne vous parlerons que des sujets les plus recommandables, de ceux qui ont fait leurs preuves

Les Canards.

comme aptitude à croître rapidement, à prendre de la graisse, et comme succulence de chair.

Chaque pays a son canard de prédilection.

L'Angleterre est fière de son beau canard d'Aylesbury, d'un blanc pur, le dessous des ailes d'une nuance soufrée du plus riche effet; ce canard blanc fait très bien sur une pièce d'eau.

La Chine nous a fourni, par voie d'exportation, son canard de Pékin, blanc comme le précédent, mais énorme, ventru comme un poussah, massif, plus lourd que l'air.

Le Labrador nous a transmis un canard d'une couleur ori-

Canard de Rouen.

ginale, à la livrée vert bouteille foncé, à reflets bronzés, très apprécié pour la cuisine, rustique et prolifique.

Mais notre beau pays ne reste pas en arrière des autres nations, et l'un des triomphes de l'élevage français est le canard de Rouen, magnifique de taille et de plumage, hors de pair pour ses qualités comestibles. Il n'en pouvait être autrement, étant donnée son origine, car ce gros Rouennais, au ventre cuivré, au col d'un beau vert bronzé, n'est autre que le canard sauvage amélioré, le splendide Colvert si prisé des chasseurs et des gourmets, revu, corrigé, et ... considérablement augmenté.

Nous terminerons ce qui est relatif aux palmipèdes de la

basse-cour par une mention spéciale au plus gros représentant de la corporation. Nous voulons parler de l'Oie.

Le triomphe de l'Oie est la saison des marrons, époque où sa chair est à point. Cette coïncidence a eu ce résultat qu'il est d'usage de manger l'Oie farcie de marrons. C'est sous cette forme qu'ils figurent, l'un dans l'autre, ou plutôt les uns dans l'autre, aux réveillons de Noël.

La plus répandue des Oies est l'Oie des moissons, désignée aussi sous le nom d'Oie rieuse à cause de son cri, qui ressemble à un rire prolongé.

Mais si vous entendez adopter pour votre basse-cour une Oie qui sorte de l'ordinaire, nous appellerons votre attention sur :

L'Oie frisée du Danube, très originale à cause de la frisure de sa livrée, chaque plume ayant l'air d'avoir été plantée à rebours ;

L'Oie Cycnoïde de Siam, toute blanche, avec un long cou,

Oie de Toulouse.

ce qui la fait ressembler à un Cygne de petit format; cette espèce est très ornementale.

L'Oie de Madagascar, très rare, mais que nous avons pu nous procurer par suite de nos relations avec le pays d'origine et que nous cultivons avec succès depuis quelques années dans nos enclos de la Croix-Verte.

Enfin l'Oie de Toulouse, un cube de chair ambulant, un colosse, une Oie monumentale, qui atteint un poids invraisemblable. En la voyant, vous vous dites que, pour fêter le retour de l'enfant prodigue, point ne serait besoin de tuer le veau gras. L'Oie de Toulouse remplacerait le veau, à son honneur.

Oiseaux de parc et de volière.

Comme oiseaux de parc, nous avons déjà mentionné le Paon et la Pintade, mais il en est d'autres d'un très bel effet sur une pelouse et sur une pièce d'eau, qu'ils embellissent par leur présence.

Parmi les palmipèdes, nous mentionnerons :

Le Canard Mandarin ou Sarcelle à éventail, de la Chine, au plumage original, surchargé d'ornements et de teintes diverses, comme une pagode de son pays ;

Le Canard Carolin, aux couleurs très vives, très jolie Sarcelle, rivale en beauté de la précédente ;

Le Canard à bec rose ;

La Sarcelle à face blanche ;

Les Canards Casarka, Tadorne, de Bahama, Mignon, tous plus intéressants les uns que les autres et sollicitant à divers titres vos préférences d'amateur.

Citons encore l'Oie Cabouck, une Africaine qui sort de l'ordinaire et qui fait bien sur le gazon d'un parc.

Parmi les Gallinacés.

Les divers Faisans et Perdrix tant indigènes qu'étrangers acclimatés, mais pour ces derniers la volière s'impose, à moins

que, comme les Palmipèdes que nous venons de nommer, ils
ne soient éjointés, c'est-à-dire amputés d'une aile. Mais cette
mutilation, admise pour les Palmipèdes d'agrément, n'est pas
en usage pour les autres oiseaux, qu'elle déprécie en leur ôtant
la possibilité de voler et de se percher.

Donc nous pourrons entretenir en volière, outre le Faisan
commun, le Faisan Vénéré, le Versicolore, le Mongol, tous Faisans de chasse, dont la ponte nous sera utile si nous voulons
faire du repeuplement de gibier, divers Faisans d'agrément bien

acclimatés et tout à fait décoratifs : le Faisan Doré, l'Argenté,
le Lady Amherst, le Swinhoë. le Horsfield bleu, puis d'autres
Gallinacés plus rares : les Hoccos, les Tragopans, les Lopho-
phores à la livrée splendide.

Nos volières pourront s'enrichir encore, en fait d'espèces
plus petites, de quelques couples de Perdrix françaises, rouges,
grises, ou même de Perdrix étrangères : Colins huppés de
Californie, Colins de Virginie, Perdrix du Boutan, de la Chine,
gros-sos Cailles de Madagascar.

Parmi les Colombidés, des oiseaux qui font très bien en
volière sont :

La Colombe Lophote ou Long-Huppe,

La Colombe Lumachelle,

La Turvert, la Diamant; toutes espèces rustiques pouvant
rester toute l'année au dehors, pourvu qu'elles aient un abri.

Parmi les Psittacidés :

La Perruche Ondulée, si gaie et si vive, la seule, à notre

Perruches ondulées en volière.

connaissance, qui reproduise en société. Un troupeau de ces
jolies petites perruches vertes, si bien décrites par M. Leroy (1)

(1) *La Perruche ondulée et autres acclimatées. Les Diamants, les Bengalis. Nourriture, installation, reproduction.* Joli vol. illustré. Firmin-Didot,
éditeur.

suffit à remplir une volière de bruit, de vols joyeux, de petites scènes de ménage intéressantes; à en faire, en un mot, l'une des principales attractions de la villa.

La Perruche Calopsitte, de la grosseur d'une tourterelle, environ, reproduit également bien en volière, mais alors par couples séparés.

Ces deux Perruches, Australiennes toutes deux, se recommandent par leur rusticité qui permet, au Jardin d'Acclimatation, comme chez nous, de ne pas les rentrer l'hiver.

Parmi les Passereaux :

Les Diamants ou Moineaux Mandarins, les Bengalis du Japon, les serins Hollandais, tous petits oiseaux sortant de l'ordinaire, très intéressants à observer dans la vie de famille, peuvent passer toute la belle saison en grande volière, au dehors. On peut ne les rentrer qu'en octobre.

CHAPITRE II.

INSTALLATIONS. — LA POULERIE. — LA VOLIÈRE.

La question de l'installation, en matière d'élevage, est une très grosse question, et d'où dépend en grande partie le succès. Elle demande donc à être traitée avec les égards dus à toute chose d'importance.

La poulerie consiste en une ou plusieurs habitations closes, meublées de perchoirs et de pondoirs, donnant accès à un promenoir ou parquet enclavé par une clôture en grillage métallique, gazonné en partie autant que possible, ou même revêtu d'une forte couche de gros gravier de rivière, abrité du soleil par des plantes grimpantes, des arbustes, ou de grands arbres se trouvant à proximité.

Ce logement des volailles doit être disposé de façon à recevoir le soleil levant; ou bien au midi, ou au sud-est; l'exposition du nord n'est pas favorable, celle du vent d'ouest l'est encore moins. De plus, tout doit être aménagé de façon à éviter les courants d'air, plus à redouter pour les oiseaux que le froid résultant d'une exposition défectueuse.

L'idéal d'une exposition bien comprise consiste en la possibilité de la changer de place suivant les saisons et la température : de la disposer au midi dans la saison d'hiver, à l'est et à l'ombre durant les grandes chaleurs de l'été.

L'idéal de l'amateur appelé par ses fonctions ou par ses affaires à changer souvent de résidence consiste dans la faculté de

pouvoir se faire suivre par sa poulerie ou sa volière, de manière à ne pas se séparer de ses oiseaux favoris.

Ce double idéal, nous l'avons réalisé par la construction d'un
poulailler en bois muni de tous ses accessoires (perchoirs, pondoirs, etc.) composé de pièces qui s'assemblent au moyen de

Poulailler démontable. Longueur 1ᵐ,40. — Largeur 0ᵐ,90. — Hauteur 1ᵐ,75.

vis, et qui se démontent à volonté de manière à permettre soit
de changer de place le dortoir des poules, soit de faire voyager
par le chemin de fer ou par le roulage les différentes pièces
de la construction, dont l'ensemble, serré à plat, ne dépasse
pas les dimensions d'un colis de petite vitesse ordinaire.

C'est de ce poulailler, composé d'un rez-de-chaussée abrité
où les volailles vont faire la sieste ou se poudrer au sec, et

d'un étage qui leur sert de dortoir sain et inaccessible à l'humidité, c'est de ce poulailler dis-je, que nous faisons usage pour notre propre compte sur les pelouses de la Croix verte,

Vue des parquets à volailles.

où il est installé à l'exposition la plus favorable dans chaque parquet à volailles.

Le parquet à volailles consiste dans un emplacement fermé par une clôture en grillage de 2 mètres à 2 mètres 50 centimètres de hauteur et non recouverte.

Pour l'installation des lapins, nous avons construit une habitation volante qui simplifie les soins à donner à ce petit rongeur et permet de l'utiliser pour modérer l'exubérance de la végétation des pelouses. Cette habitation consiste dans la *garenne mobile*.

Les soins de propreté sont, avec cet appareil, singulièrement simplifiés et consistent uniquement à le reculer chaque jour ou même tous les deux jours, de façon que l'emplacement qu'a

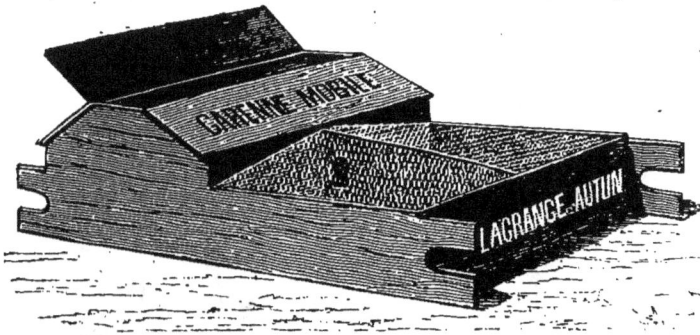

Garenne mobile permettant de faire l'élevage du lapin à peu de frais.
Cette garenne couvre une surface de 2 mètres carrés, ce qui est suffisant pour tenir 5 à 6 lapins et plus, selon la grosseur. Son poids est de 30 kilos.

occupé le lapin se trouve rasé comme par une tondeuse, et en même temps fumé comme un champ qui aurait été occupé par un parc de moutons.

La disposition de nos parquets à faisans diffère de celle des parquets à volailles en ce qu'elle est adossée à un mur, plus abritée, plus confortable, et en ce que la clôture grillagée est complétée par un réseau qui ferme hermétiquement chaque compartiment par en haut.

Ces précautions d'hygiène, de confort et de sécurité sont commandées par la haute valeur des sujets qui sont logés dans nos volières : faisans rares, perdrix étrangères, perruches, colombes exotiques, oiseaux des îles, quelques-uns sujets d'importation récente, dont il s'agit d'assurer l'acclimatation par des soins particuliers, dont le plus important consiste dans une installation saine, bien abritée et bien entendue.

L'accès de nos parquets à faisans est défendu par une en-

Vue des parquets de faisans reproducteurs.

ceinte grillagée de 2 mètres de hauteur, dont l'intérieur est occupé par des pigeonniers suspendus et des installations pour palmipèdes et autres.

Notre établissement d'aviculture est complété par des par-

quets plus abrités encore, et destinés aux jeunes élèves faisan-
deaux, perdreaux, dès qu'ils sont assez forts pour pouvoir quitter la mère artificielle.

Vue des parquets d'élevage.

Enfin, pour satisfaire au desideratum de tout amateur d'oiseaux de volière désireux de se faire suivre par ses pensionnaires dans tous ses changements de résidence, M. Leroy a imaginé et nous établissons à Autun, sur demande, un système
volant dont vous avez pu voir des exemplaires à l'exposition

des machines du Jardin d'Acclimatation où il a figuré pendant plusieurs années, et que vous pouvez remarquer aux divers concours d'Aviculture.

La description et l'utilité de ce système ont été exposés avec tous les détails désirables par M. Leroy dans son rapport à la Société d'Acclimatation (bulletin du 5 décembre 1888) que nous soumettons au lecteur. Ici nous ne pouvons mieux faire que de passer la parole à l'inventeur.

« La volière omnibus démontable, par M. Leroy.

« L'une des causes, et l'on pourrait dire la principale des causes qui ralentissent l'expansion de l'Aviculture, consiste en ce que la plupart d'entre nous, que leurs fonctions, leurs habitudes, ou les nécessités de leur existence obligent à se déplacer fréquemment, reculent devant des frais d'installation d'oiseaux, toujours onéreux, qui seraient à renouveler à chaque changement de résidence.

« Pour stimuler le bon vouloir du public amateur, l'idée d'une installation volante s'impose, et par installation volante j'entends une volière pouvant suivre son propriétaire partout, susceptible de s'installer au jardin, sous un hangar et même dans un appartement, une volière réductible, en cas de déménagement, aux proportions d'un simple meuble.

« Cette volière doit tout d'abord être bon marché, première condition pour se faire adopter. En second lieu, elle doit être d'un modèle uniforme pouvant convenir à tous les cas possibles (l'inexpérience des débutants les rendant inhabiles à faire un choix raisonné) : pouvant servir indifféremment à loger des volailles de race, des faisans, des perdrix, des colombes, des perruches, et même de petits oiseaux d'appartement; pouvant convenir à l'occasion comme parquet d'élevage; une volière omnibus en un mot.

« Le problème à résoudre consiste donc dans l'adoption de

dimensions restreintes, suffisantes cependant, quatre mètres
de surface habitable environ; dans le choix d'éléments à la fois
légers, solides, maniables et d'un réel bon marché, susceptibles
de se monter et de se démonter rapidement et de franchir à
l'aise les ouvertures d'une habitation.

« Le système auquel je me suis arrêté consiste dans une volière en bois de sapin (il fallait faire léger et bon marché) et
se compose de neuf articles ou cadres, les uns pleins, les au-

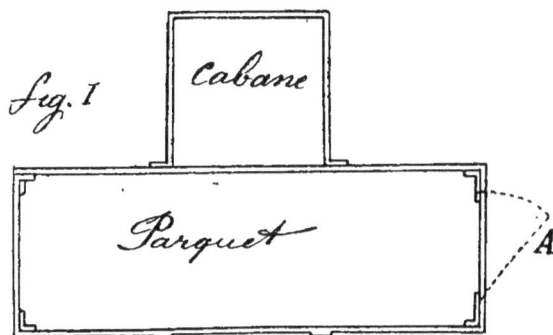

fig. 1 — Cabane — Parquet — A

PLAN.

Échelle de 0 02 par 1.00

tres revêtus de grillage de 16 millimètres et demi et figurant
les quatre côtés d'un parquet, le dessus et la cabane revêtue
de son toit qui vient s'adapter à ce parquet.

« Ce système de cadres, s'arcboutant à angles droits les uns
sur les autres, soudés ensemble à l'aide de boulons, constitue,
une fois qu'il est monté, une petite construction d'une solidité
à toute épreuve, et n'occupe pas plus de place, une fois démonté, qu'un paravent replié sur lui-même.

« Les dessins qui accompagnent cet article vont, au surplus,
vous donner une idée approximative de l'agencement de l'appareil.

« La fig. 1 représente l'emplacement occupé par la volière, à
savoir : sur le devant une surface de trois mètres de long sur

un mètre de large, affecté au parcours des oiseaux ; et au milieu une surface d'un mètre carré affectée à l'abri et à la perchée. Cette surface représente l'emplacement occupé par la cabane.

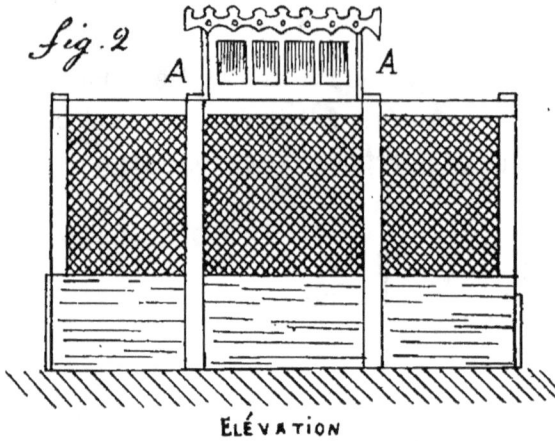

fig. 2

ÉLÉVATION

« La fig. 2 est la reproduction de la volière vue de face; longueur 3 mètres, hauteur 1 m. 70 c. pour les cadres du parc; (il faut qu'ils soient de dimension à pouvoir passer par une

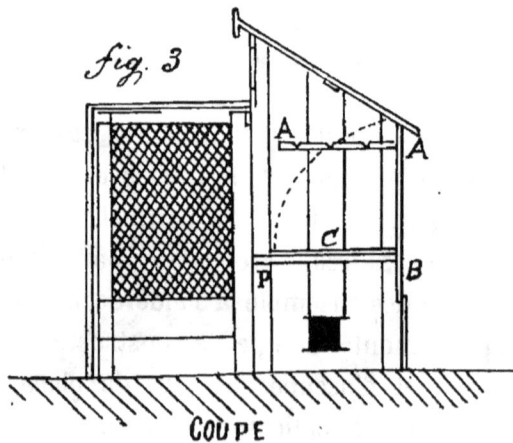

fig. 3

COUPE

porte d'appartement) et 2 m. 10 c. pour la cabane, qui dépasse en hauteur le quadrilatère grillagé affecté au parcours.

« La fig. 3 représente la coupe de l'ensemble, vue de côté. Au cadre en bois qui forme le fond de la cabane est adapté un tablier d'un mètre carré fixé par deux charnières, et qui vient s'abattre sur le tasseau assujetti sur chacun des côtés de cette cabane. De cette façon, la partie couverte se trouve comporter un rez-de-chaussée sous le tablier en question, et un premier étage au-dessus de ce tablier.

« Par l'effet de cette combinaison, la surface habitable se trouve augmentée d'un mètre, et est de cinq mètres, alors que le système n'occupe qu'un emplacement de quatre mètres seulement.

« Ainsi conçue, la volière représente :

« 1° Dans le sens de sa longueur le parc grillagé destiné au parcours des oiseaux, parc entièrement gazonné si on le dispose sur une pelouse, ou partie gazonné et partie sablé si on le fait mordre sur une allée. Dans un appartement, ce parc repose sur trois mètres de surface revêtus d'une couche de menu gravier.

« 2° Dans sa partie couverte : au rez-de-chaussée la salle de bain destinée aux ablutions de poussière; au premier, l'abri pour la sieste et pour la nuit.

« Une porte grillagée est adaptée à l'un des petits côtés du parquet, deux petites portes à coulisse, pratiquées à la partie inférieure, sont destinées à introduire le boire et le manger sans avoir besoin d'entrer dans la volière; ou encore suivant les besoins à s'adapter à une éleveuse garnie de ses poussins, pour permettre à ceux-ci d'aller prendre leurs ébats en toute sécurité.

« Le temps nécessaire au montage ou au démontage du système, qui s'opère à l'aide d'un tourne-vis, ne dépasse pas cinq minutes à chaque fois, et une seule personne suffit à cette opération sommaire.

« Quant aux conséquences de l'emploi de cet engin démontable, elles sont inappréciables au point de vue de la commodité de chacun et à celui du bien-être des oiseaux. Je vais les résumer en quelques lignes :

« Cinq mètres de surface habitable, n'occupant, sur le sol de la pelouse ou de l'appartement, qu'un emplacement de quatre mètres carrés, ce qui représente : pour un petit troupeau de volailles, le strict nécessaire, à cela près d'un nettoyage plus au moins répété, suivant le nombre de têtes (*têtes* est ici par euphémisme); pour un parquet de Faisans, le suffisant; pour un couple de Perdreaux, de Colins ou autre petits gallinacés, une installation luxueuse; pour des Perruches ou de petits oiseaux d'appartement, l'espace sans limites, avec les illusions de la pleine liberté.

« Faculté de changer de place en cas de déménagement, de contamination du terrain occupé, d'épuisement de la verdure, et de disposer la volière aux expositions favorables suivant les saisons : à l'est l'été; au midi, durant la saison d'hiver. On n'a, pour cela, qu'à capturer les pensionnaires ailés à l'aide de l'épuisette, à les enfermer dans le panier ou le sabot à l'usage des oiseaux qu'on emballe pour un voyage, durant les quelques minutes que durent le montage et le remontage, puis à les installer à nouveau. C'est à peine s'ils s'aperçoivent du changement : pas de panique à craindre, pas d'effarement, parce qu'ils ne se sentent pas dépaysés. A première vue, ils se reconnaissent chez eux : c'est bien le même parquet, la même cabane, la même salle de bains, rien ne manque de ce qu'ils ont l'habitude de voir à leur portée.

« Le prix de la volière ne dépassera pas le chiffre de 120 francs, et pour se la procurer, l'amateur n'aura qu'à s'adresser au Jardin d'Acclimatation ou encore à M. Lagrange, qui s'est chargé de la construction de tous les exemplaires qui pourront être demandés.

« J'ai fait en sorte de réaliser dans la mesure du possible, le désideratum de l'ami des Oiseaux.

« Le petit édifice est entièrement construit en bois (revêtu en partie de grillage), mais l'emploi du bois était nécessaire pour réunir les conditions de légèreté, de bon marché, de facilité

de montage et de démontage, de réduction de volume qui
étaient demandées.

Volière montée.

« Telle qu'elle est, en somme, la construction n'a pas mauvaise apparence et ressemble un peu à un château en minia-

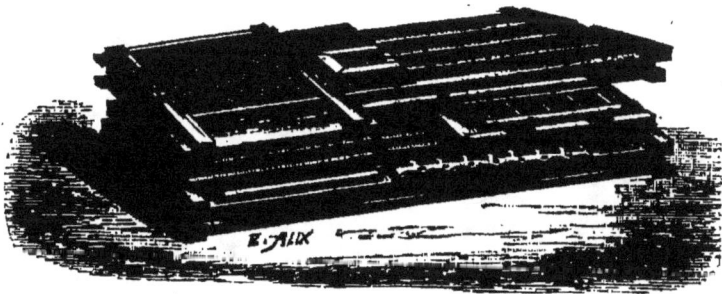

Volière démontée.

ture. Espérons que son prix modique sera pour beaucoup
d'amateurs une occasion de réaliser, en France, le rêve consi-
déré jusqu'ici comme un château en Espagne. »

Nous avons fait reproduire par la photographie d'abord, et ensuite par le dessin, l'aspect de la volière omnibus montée et de la même volière après le démontage, de manière à en donner une idée aussi exacte que possible.

CHAPITRE III.

OUTILLAGE DE L'ÉLEVEUR.

Les premiers éléments de l'outillage consistent dans ce qu'on pourrait appeler la vaisselle de la volaille. A la ferme, on se contente de jeter le grain à la volée, de distribuer la pâtée ou la boisson dans des vieilles marmites ébréchées ou de vieux plats hors de service.

Mais ce qui peut passer à la ferme ferait tache à la villa. La

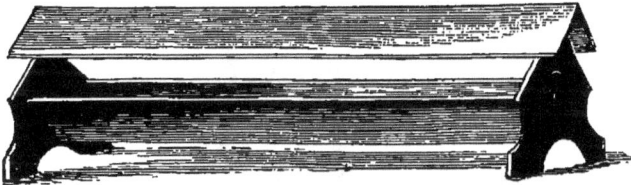

Augette en bois.

pratique de l'Aviculture nous a conduit à imaginer et à construire des appareils appropriés, dont les explications qui vont suivre, accompagnées de dessins, vont vous donner une idée.

Voici, en premier lieu l'Augette, composée de deux parties s'adaptant l'une à l'autre : l'une qui représente la mangeoire, où l'on dépose les victuailles, l'autre la toiture destinée à abriter le menu et à empêcher les consommateurs de mettre les pieds dans le plat ou d'y déposer des ordures, ce qui est assez dans leurs habitudes.

En second lieu le râtelier, composé également d'un récipient

pour les vivres : verdures, feuilles de salade, etc., et d'une
toiture-abri. Le fond du râtelier n'étant autre qu'un réseau de
fil de fer oblige les consommateurs à ne manger le contenu

Râtelier à volailles.

que becquée par becquée, de manière à éviter le gaspillage
dont les volailles sont coutumières.

Pour les tout jeunes poulets, nous nous servons d'un petit

Plats à pâtée en fonte. Diamètre 0,16, profondeur 0,03.

plat à pâtée, rond, en fonte, inrenversable par suite de son
poids, et incassable.

Le même modèle, également en fonte, de 34 centimètres de
diamètre sert pour les ablutions des pigeons, et aussi de plat à
pâtée pour les familles nombreuses de petits poulets et de petits
canards.

Pour la soif, nous avons les abreuvoirs siphoïdes en fonte

Grands plats en fonte. Diamètre 0,34, profondeur 0,03.

de fer, de quatre grandeurs : d'un litre, de 3 litres, de 5 litres et de 10 litres.

Abreuvoirs siphoïdes hygiéniques à trois augettes en fonte de fer.

Description. — Ces abreuvoirs se composent d'un récipient de forme cylindrique, dont la capacité varie selon le numéro.

L'eau est également répartie dans trois petites augettes placées à la base du récipient.

Le tout est en fonte de fer, fondu d'une seule pièce et forme un ensemble solide d'un agréable effet.

Avantages. — Ces abreuvoirs, étant en fonte de fer, donnent, par ce fait, constamment et sans aucun soin préalable, de l'eau légèrement ferrée, qui aiguise l'appétit des volailles, les fortifie et les entretient en bon état. Ils remplacent donc avantageusement et plus sûrement l'eau au sulfate de fer, tant recommandée.

Ils résistent à la gelée, non seulement par la force de la fonte, mais par la disposition du remplissage qui, se faisant en dessous, permet au bouchon de sortir et laisse échapper l'eau lorsqu'elle commence à se congeler.

Cet avantage permet de laisser l'hiver, malgré les plus fortes gelées, les abreuvoirs constamment dans les parquets sans les vider. — Il suffit de passer le matin avec un seau d'eau bouillante et de les immerger un instant pour les dégeler.

Ces abreuvoirs sont donc appelés à avoir une durée indéfinie, et, par suite, sont bien meilleur marché que ceux en terre et en zinc.

Par une conséquence de leur forme siphoïde, l'eau ne sort du réservoir qu'au fur et à mesure qu'elle est consommée et se conserve propre jusqu'à la dernière goutte.

La disposition des augettes préserve l'eau des impuretés que déposent ordinairement les poules et rend ces abreuvoirs indispensables pour l'élevage des poussins.

Ils rendront donc de grands services à tous les amateurs, fermiers et propriétaires soucieux de tenir leurs volatiles en bon état et de les préserver de ces fatales épidémies qui déciment rapidement les basses-cours mal entretenues.

Le remplissage se fait par l'orifice situé au-dessous de l'abreuvoir : fermer avec un bon bouchon de liège très doux : retourner vivement le gland en haut et placer l'abreuvoir bien d'aplomb.

Nota. — Les N°s 3 et 4 conviennent spécialement pour les grandes basses-cours et vastes parquets de faisans; vu leur grande capacité, ils donnent une ample provision d'eau, qui se conserve toujours *saine;* ces abreuvoirs conviennent aussi pour les *chasses bien gardées* où l'on entretient du *gibier*, en en disposant quelques-uns dans les endroits abrités, ils constituent de véritables sources, où les Faisans et Perdreaux savent bien venir s'abreuver.

Certaines poules, par suite d'une aberration de l'instinct naturel amené par l'existence en parquet et la séquestration sont susceptibles de contracter la mauvaise habitude de manger leurs œufs, espoir de leur descendance. Ce défaut est malheureusement inguérissable, mais pour y remédier, nous nous servons d'un Pondoir spécial, à double fond, agencé de telle sorte que, dès que l'œuf est pondu, il roule dans le double fond et lorsque la poule se lève du nid, elle n'a plus à se mettre sous le bec, pour satisfaire sa manie, qu'un œuf en porcelaine disposé comme amorce, et en est pour ses frais de gourmandise.

Mais la poule n'est pas la seule bête à deux pattes contre laquelle il y ait lieu de prendre des précautions. Il y a aussi les domestiques peu sûrs, dont il faut prévoir l'indélicatesse, et à cet effet, nous employons pour serrer le produit de la ponte, composé souvent d'œufs précieux, une armoire de sûreté dite armoire à œufs et fermant à clé.

Les tiroirs de cette armoire sont agencés de façon à permettre l'aération nécessaire aux œufs, tout en rendant impossible la moindre soustraction.

Mais la meilleure armoire à œufs, sans contredit, est celle qui est appelée à recevoir le produit de la ponte pour vous le rendre, au bout d'un certain temps, capital et intérêts en poussins vivants.

Nous avons nommé l'Incubateur.

Notre incubateur à nous est une couveuse munie d'une hélice qui permet de remédier instantanément aux écarts de tempé-

rature en rapprochant ou en éloignant à volonté le tiroir contenant les œufs du réservoir d'eau chaude constituant le foyer
de chaleur destiné à remplacer la chaleur naturelle de la poule
couveuse.

L'avantage de notre système a été l'objet de l'appréciation
suivante (*Bulletin de la Société d'acclimatation*) :

M. le vicomte d'Esterno écrit : « Permettez-moi de vous mettre

Armoire à œufs.

brièvement au courant du perfectionnement qui vient d'être
introduit dans la construction des incubateurs artificiels, par
M. Lagrange, aviculteur à Autun (Saône-et-Loire).

« Ce perfectionnement constitue un incontestable progrès et
sera, je crois, fort apprécié des opérateurs, dont il simplifie et
facilite le travail.

« Dans l'incubateur modifié par M. Lagrange, le tiroir contenant les œufs, au lieu d'être maintenu par les rainures qui le
guident et ne lui permettent que des mouvements dans le sens
horizontal, repose sur un plateau placé sur une vis s'actionnant
en dehors de l'appareil.

« Sans qu'il soit besoin d'insister, et sans avoir une grande connaissance de la conduite des incubateurs artificiels; il est facile de saisir tout le parti qu'on peut tirer d'une semblable disposition et tous les services qu'elle peut rendre.

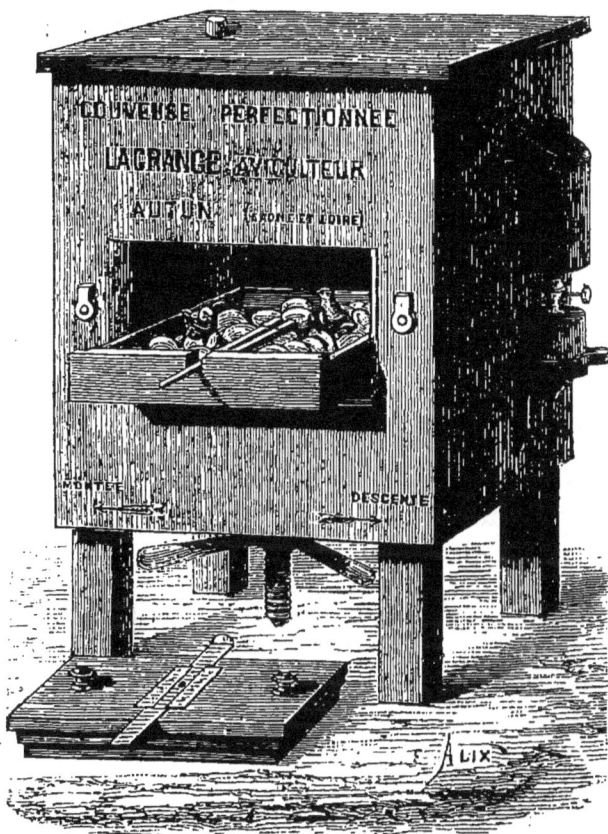

Couveuse à tiroir à hauteur variable remédiant à tout écart de température.

« En montant ou abaissant le plateau qui supporte le tiroir, vous rapprochez ou vous éloignez les œufs du fond de la chaudière, c'est-à-dire du foyer de chaleur.

« Lorsque, par suite d'une augmentation subite et considérable de la température extérieure, vous avez lieu de craindre une augmentation exagérée de la température du tiroir, vous éloignez le tiroir du foyer de chaleur en abaissant le plateau qui le supporte. Vous le montez, au contraire, dans le cas d'un abaissement subit de la température extérieure, vous faisant craindre une fâcheuse diminution de la température du tiroir.

« On peut donc regarder ce mouvement vertical donné au tiroir comme *un correctif* d'une haute importance, pouvant dans de nombreux cas, réparer les accidents causés par l'inexpérience de l'opérateur, et aussi éviter ceux qui proviennent de causes indépendantes de lui, c'est-à-dire augmenter beaucoup les chances de réussite de l'opération.

« C'est pour ainsi dire la soupape de sûreté qui, dans les machines à vapeur, prévient dans certains cas la destruction de la chaudière.

« Nul doute que ce perfectionnement ne soit très goûté du public, tous les jours de plus en plus nombreux, s'intéressant à l'élevage artificiel et se servant des incubateurs pour l'élevage, soit des perdreaux, soit des oiseaux de basse-cour.

« La chaleur du réservoir d'eau de l'appareil s'entretient à l'aide d'un caléfacteur alimenté à l'huile minérale, et d'une dépense très minime. »

Nous aurons occasion de revenir sur le fonctionnement de notre couveuse au chapitre de *l'Incubation*. Ce chapitre étant intitulé : chapitre de l'outillage, nous nous bornons provisoirement à une simple description.

Pour répondre au désir de beaucoup d'amateurs qui ne veulent pas faire de l'élevage par spéculation, et trouvent nos gros appareils d'un prix trop élevé, nous nous sommes décidé à établir une petite couveuse et une petite éleveuse dont le prix est abordable à toutes les bourses.

Description. — La petite couveuse se compose d'un réservoir en zinc contenant l'eau chaude, disposé au-dessus des œufs; ce réservoir est entouré de menues pailles, afin de conserver sa chaleur le plus possible.

La température est entretenue régulière et à peu de frais au moyen d'une petite lampe et d'un thermosiphon placés à droite de l'appareil.

Au-dessous du réservoir est le tiroir recevant les œufs; ce tiroir peut contenir de 25 à 30 œufs de poules ordinaires.

L'aération nécessaire est obtenue au moyen de petits conduits ménagés au-dessous du réservoir, un thermomètre au mercure, dont les modifications peuvent se lire à l'extérieur, sans ouvrir le tiroir, permet de se rendre compte à toute heure de la température.

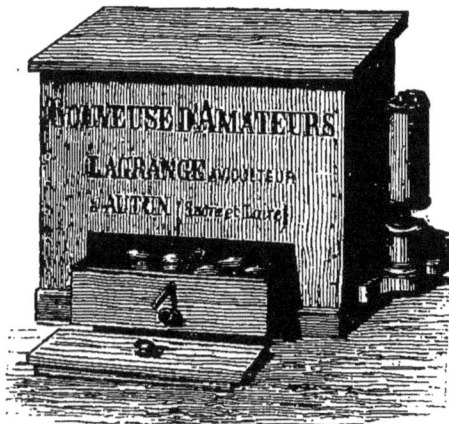

La lampe est d'une grande fixité et dépense environ de 5 à 7 centimes d'huile par 24 heures.

Cette couveuse a $0^m,43$ de côté et $0^m,38$ de hauteur; son poids est environ 14 kilos compris l'emballage.

Le tout constitue un petit meuble peu encombrant, pouvant être placé partout, au besoin dans une chambre à coucher, sans inconvénient.

Avantages. — Avec cette couveuse, on peut, aussitôt que l'on a quelques œufs disponibles, les mettre en incubation, et obtenir des poulets en toute saison.

Dans le moment des couvées, en tenant constamment la température au degré voulu, elle rendra de grands services, en recevant les œufs de poules qui, pour une cause quelconque, auraient abandonné leur travail.

Elle sera toujours prête à recevoir les œufs de *Perdrix et Faisans* trouvés dans les champs au moment des fauchaisons et à en terminer l'incubation avantageusement, avec plus de sécurité que sous une poule.

Pour cela seul, elle se recommande vivement aux *propriétaires chasseurs*, soucieux de la *conservation du gibier*.

Aux éleveurs d'oiseaux délicats, elle servira à terminer l'incubation des œufs de *Faisans, Colins*, etc., et évitera sûrement l'écrasement qui a lieu trop souvent lorsque l'éclosion a lieu sous les poules.

Conduite. — La conduite est d'une très grande simplicité; on peut en charger le premier domestique venu.

Il suffit, le réservoir étant rempli d'eau chaude, de garnir la lampe d'huile une fois par jour, monter plus ou moins la mèche pour obtenir la température voulue, soit 40°, et retourner les œufs du tiroir deux fois par jour, matin et soir.

L'éclosion a lieu au bout de 21 jours d'incubation, exactement comme avec les poules.

Une instruction très détaillée accompagne chaque expédition et est placée dans le tiroir de l'appareil.

La chaleur de nos couveuses est entretenue à l'aide d'un caléfacteur alimenté, ainsi que nous l'avons dit plus haut, avec de l'huile minérale. Mais elle peut également s'entretenir à l'aide d'eau chaude renouvelée, et à cet effet nous avons construit un appareil peu encombrant et très pratique, *la Ménagère.*

Cet appareil sera utile aux personnes qui préfèrent les couveuses à eau chaude remplacée, et leur évitera les ennuis et le temps passé à faire chauffer l'eau nécessaire et les désagréments de la transporter.

Il suffit d'installer la ménagère au-dessus de la couveuse, la remplir d'eau; soir et matin garnir la lampe; en 12 heures l'eau de la ménagère sera portée à l'ébullition; on n'aura qu'à retirer l'eau nécessaire à la couveuse et à ouvrir le robinet de la ménagère pour y introduire l'eau bouillante: ensuite verser dans l'appareil l'eau retirée de la couveuse; 12 heures après refaire la même opération, l'eau de la ménagère sera bouillante de nouveau.

Dans un ménage, cet appareil offre l'avantage d'avoir à toute heure du jour et de la nuit de l'eau bouillante avec une dépense de 0 fr. 05 à 0 fr. 10 cent. par jour (selon le n°) ce qui est plus économique que tout autre combustible.

La ménagère.

L'évaporation de l'eau (qui se fait du reste en très petite quantité) assainit les appartements et est très salutaire aux poitrines délicates.

Comme complément à l'outillage de l'élevage artificiel, nous avons construit un engin, alimenté à l'eau chaude dans les mêmes conditions que la couveuse, nous voulons parler de l'éleveuse artificielle.

L'éleveuse se compose d'une chambre qui reçoit les poussins; au-dessus, et remplissant l'office du ventre de la poule, est un réservoir d'eau chaude, rembourré et tapissé de drap.

La chaleur est fournie régulière, comme pour la couveuse,

par un thermosiphon et une petite lampe; un thermomètre,
dont les indications se lisent à l'extérieur, indique constamment la température.

On conçoit facilement tous les avantages de ce système et
sa supériorité sur les autres dont la chaleur est fournie soit
par de l'eau bouillante renouvelée, soit par des briquettes. —
Ces deux systèmes produisent inévitablement des variations de
température très fortes. Le chauffage à la briquette, qui n'est
qu'un charbon aggloméré, a, en plus, l'inconvénient de déga-

Éleveuse.

ger de l'acide carbonique qui vicie l'air et compromet la santé
des poussins.

La partie faisant plafond s'enlève à la main pour faciliter le
nettoyage et se met à la hauteur voulue suivant l'âge des poussins, au moyen de cales placées dans les angles.

Devant, est disposé un petit parquet recouvert d'un filet s'enlevant à volonté; ce parquet sert de réfectoire et est suffisant
pour les ébats des premiers jours : une porte pratiquée à l'une
de ses extrémités permet la sortie des élèves dans une cour ou
sur une pelouse.

Avec ces éleveuses, il n'est pas besoin de sécheuse; les poussins, suffisamment essuyés, sont mis dessous aussitôt sortis
de la couveuse : absolument comme ils seraient mis sous la
poule.

Nota. — Des instructions très détaillées sont données à la
livraison des appareils, pour leur conduite et l'*élevage des jeunes poussins.*

Les mêmes considérations qui nous avaient amené à construire une couveuse de dimensions réduites dite couveuse d'a-
mateur, nous ont conduit à établir une petite éleveuse dite éleveuse d'amateur, qui, malgré ses dimensions restreintes est
très pratique et peut rendre de grands services.

Description. — Cette petite éleveuse a 0^m, 48 de longueur,

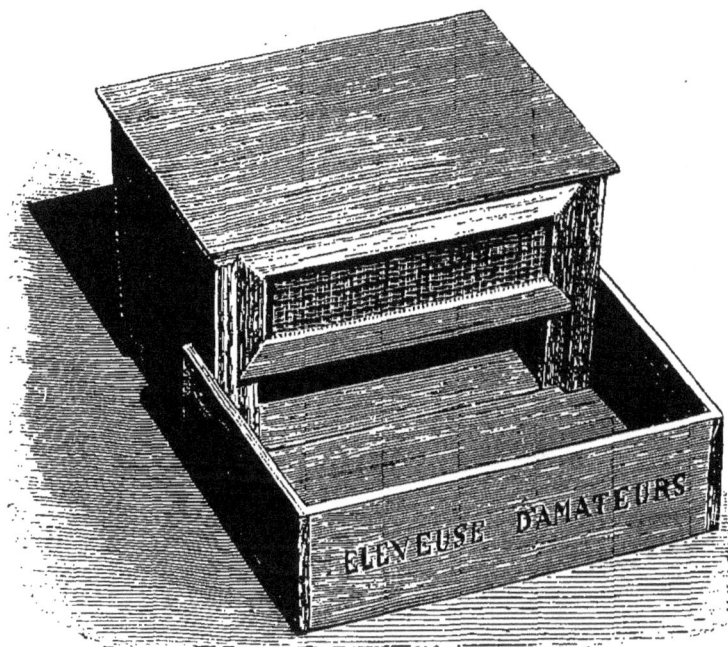

0^m, 33 de largeur, et 0^m, 23 de hauteur, son poids est d'environ
3 kilos ce qui permet au besoin de faire l'expédition en colis-
postal; elle est suffisante pour élever une vingtaine de poulets.

Elle se compose d'une chambre où sont déposés les poussins
aussitôt nés; au-dessus est une étoffe en drap, séparant les poussins du réservoir en zinc contenant l'eau chaude, source de la
chaleur; le plafond remplace le ventre de la poule et commu-
nique aux poussins la chaleur nécessaire.

Devant est un petit préau où les poussins viennent prendre
leurs ébats et leur nourriture, rentrant dans la chambre aussitôt qu'ils ont besoin de chaleur. Pour entretenir la chaleur

il suffit de lever le couvercle, enlever le réservoir en zinc; le remplir d'eau chaude et le remettre en place toutes les fois que besoin est selon le temps et la saison.

Ce réservoir peut servir de bouillotte à l'occasion pour tous autres usages.

La maison tient à la disposition des personnes qui le désirent bon nombre d'attestations et lettres de satisfaction émanant des clients qui ont obtenu d'excellents résultats avec ces couveuses et éleveuses.

Réfectoire à poussins.

Pour les personnes qui désirent faire de l'élevage naturel, c'est-à-dire confier à des poules l'éducation des petits poussins, nous avons fait construire une boîte à barreaux, tenant la poule captive et permettant la sortie aux jeunes, ce qui donne toute latitude d'installer ces derniers au jardin sans dommage pour les plates-bandes. Cette boîte, préconisée par M. Leroy, se ferme, pour la nuit, à l'aide d'une porte à coulisse et est percée de trous pour l'aération.

Dans le but de mettre la nourriture délicate des tout jeunes poussins à l'abri des convoitises des gros poulets, nous avons établi, sous le nom de réfectoire à poulets, un petit hangar revêtu d'un toit fermé de trois côtés par une clôture pleine et par le quatrième côté par une série de barreaux ne permettant l'accès aux victuailles qu'aux infiniment petits.

Tout ce qui précède représente la partie de l'outillage affectée à l'entretien des volatiles, à l'incubation et à l'élevage des poussins. Les poussins une fois élevés, il s'agit, pour couronner l'œuvre, de les soumettre à l'engraissement de manière à ce qu'ils puissent figurer sur la table avec honneur.

Nous adressant au public amateur et non aux établissements industriels nous ne parlerons pas de la gaveuse mécanique. Cet appareil étant surtout destiné aux maisons qui font le commerce des volailles en grand. Nous sommes du reste peu partisan de cet engraissement forcé et lui préférons l'engraissement naturel. A notre point de vue l'épinette est l'appareil d'engraissement convenant aux familles peu nombreuses, et notre épinette a été appréciée par l'auteur de *la Poule pratique*, à ce point que dans un numéro de *la Chronique agricole*, il n'a pas hésité à la qualifier de *bon meuble*.

Voici au surplus la copie de l'article de M. Leroy que nous transcrivons à titre d'excellente définition de notre épinette, de son emploi, de ses avantages.

« Un bon meuble.

« Le meuble dont je veux parler consiste dans un appareil ingénieux, élégant, pratique, léger, facilement transportable. Il a sa vraie place dans toute maison bien tenue où l'on a souci des choses de l'économie. J'ai nommé l'*Épinette*.

« La gaveuse mécanique, cette merveilleuse machine de précision, d'invention moderne, n'a pu détrôner l'épinette, cet engin de nos grand'mères, qui sera longtemps la ressource du petit ménage, de la maison bourgeoise où il ne se consomme pas plus d'une ou deux pièces de volaille par semaine.

« Il n'y a guère, en effet, que les industriels de la spécialité qui soient à même, par cela qu'ils opèrent sur une grande échelle, de faire les frais d'appareils coûteux, d'un entretien minutieux, et de consacrer le temps nécessaire à des manipulations plus ou moins compliquées, faites suivant la formule.

« Renoncer à l'emploi de l'épinette pour s'en tenir à l'achat de volailles tout engraissées est une erreur en économie domestique, et une erreur qui se paye son prix. Le poulet, le jeune canard, déjà si chers sortant des mains du villageois, ont doublé de valeur dès qu'ils ont passé par l'engraissage.

« L'épinette, d'ailleurs, grâce à des perfectionnements intelligents, n'a aucune ressemblance avec la boîte informe des temps

Épinette à quatre cases.

antiques connue sous le nom de « séminaire », généralement reléguée, et pour cause de mauvaise odeur, dans les parties les plus reculées de l'habitation. Elle est devenue un meuble propre, d'un nettoyage facile, n'étant déplacé nulle part, et dans lequel la volaille soumise à l'engraissement se trouve dans des conditions d'hygiène, d'isolement, de bien-être tout à fait propices.

« *Définition*. — Sans entrer dans l'historique des perfectionnements apportés à la construction de l'épinette, je me bornerai à la description du modèle dont je me sers pour mon usage et qui m'a paru heureusement compris. Ce modèle est l'épinette Lagrange, d'Autun ; il est à deux cases. Ses dimensions sont les suivantes : hauteur 70 centimètres, largeur 47, longueur 40. M. Lagrange dispose de modèles plus grands, mais je parle de celui que j'ai entre les mains.

« Chaque case s'ouvre par le haut, au moyen d'une petite porte à charnières permettant l'introduction du pensionnaire (poulet ou canard) et se fermant à l'aide d'un tourniquet.

« Les volailles reposent sur un plancher à claire-voie ; de cette manière, les malpropretés, au lieu de s'accumuler, tombent dans le vide et sont recueillies sur une planchette-tiroir, régulièrement saupoudrée de sable, de cendre, ou de menue paille. Le nettoyage se fait naturellement en retirant la planchette et en la renversant sur la fosse aux ordures, sans qu'il soit besoin de mettre la main à la pâte.

« Les cases de l'épinette sont aménagées en forme de stalles séparées de façon à permettre au sujet soumis à l'engraissement l'accès de la nourriture, sans pouvoir empiéter sur la ration voisine, ni échanger avec le camarade d'à côté de ces discussions à coups de bec qui seraient autant de coups de canif donnés à la consigne, qui est d'engraisser.

« Sur le devant de chaque case est une planchette avec rebords, dans laquelle s'adapte une augette en fonte complétant l'appareil. Cette augette en fonte, incassable et inversable, est divisée en deux compartiments destinés à recevoir le menu.

« *Installation.* — L'épinette s'installe dans un lieu tranquille. buanderie ou autre, soumis à une demi-obscurité, d'une température moyenne, le devant de l'appareil tourné vers la lumière.

« *Choix des sujets.* — Ils doivent être jeunes, alertes et bien portants quoique maigres. La maigreur n'est pas une qualité, tant s'en faut, mais c'est généralement dépourvus d'embonpoint que les volatiles sont apportés vivants sur le marché, par les villageois, chez lesquels la volaille ne prend pas d'autre nourriture, la plupart du temps, que celle qu'elle peut trouver d'elle-même autour de l'habitation. Les volailles destinées à l'engraissement doivent avoir l'œil vif, le plumage lisse et luisant, et être exemptes de vermine.

« *Traitement. Nourriture.* — D'après M. Lagrange, la nourriture doit être distribuée deux fois par jour; elle peut se composer, selon les ressources de la localité, d'une pâtée épaisse de farines de maïs, orge, sarrazin et pommes de terre cuites, délayée à l'eau tiède et additionnée de lait.

« Cette pâtée est servie dans le plus grand des compartiments de l'augette en fonte; le plus petit reçoit du gravier destiné à faciliter la digestion.

« Ces conditions peuvent être modifiées au gré de chaque amateur et suivant les ressources dont on dispose.

« Toutes les méthodes sont bonnes du moment où elles aboutissent au résultat voulu, c'est-à-dire l'engraissement à bref délai, avec le moins de dépense possible.

« Pour mon compte, je me suis bien trouvé d'un menu distribué aux volailles à l'épinette, composé de pommes de terre cuites à l'eau, écrasées et mélangées à du remoulage, le tout délayé avec un peu de laitage et servi en pâtée épaisse. Au lieu de sable dans le petit compartiment de l'augette, je mets de l'eau claire, pour que les pensionnaires puissent se rincer le bec. Pommes de terre et laitage peuvent se remplacer par des restes de soupe ou de légumes de pot-au-feu mêlés au remoulage ou aux farines d'orge (non blutée), de maïs ou de sarrazin. Pas de son; il a l'inconvénient de relâcher le sujet, ce qui nuirait au succès de l'opération.

« Je sais des amateurs qui donnent du grain à leurs poulets à l'engrais, mais alors il convient de mélanger à ce grain un peu de menu gravier qui, dans ce cas, a son utilité. Bien que l'appétit ne manque pas à vos convives emplumés, il est d'une bonne méthode de surexciter cet appétit en variant de temps en temps leur ordinaire. La variété dans le régime, tel est le secret de beaucoup de lauréats des expositions de volailles grasses.

« *Résultat économique.* — Dans l'épinette Lagrange, un poulet, installé maigre, met de quinze jours à trois semaines à acquérir le degré d'embonpoint qui en fait un beau et bon sujet pour la table, gras, succulent, parfait. Vos frais de nourriture se sont élevés à 75 centimes au maximum, et même fort souvent à un chiffre inférieur, si vous avez su utiliser une foule de déchets de la cuisine qu'on a l'habitude de jeter au fumier.

« Quelques mots de statistique pour conclure :

« Un poulet maigre, de bonne taille, se paye généralement au, marché, le prix moyen de. . . . . 2 fr.

« Frais de nourriture durant son séjour à l'épinette, au maximum à raison de 5 centimes par jour, durant 15 jours   0, 75

« Total du prix de revient. 2, 75

« Ce même poulet, après engraissement, a acquis une valeur réelle de. 5,

« Bénéfice net pour son propriétaire. 2, 25

« Supposons un petit ménage consommant une pièce de volaille par semaine. Ce petit ménage est pourvu de l'épinette Lagrange, petit modèle de 15 francs à deux cases, dans chacune desquelles on introduit, tous les huit jours, un poulet maigre pour remplacer le poulet gras destiné à la table. Le fonctionnement régulier de cette machine vaudra au père de famille une économie de 2 fr. 25 par semaine, soit de 9 francs par mois, soit de 108 francs par an.

« Dans une famille un peu nombreuse, où il se consomme une moyenne de deux pièces de volaille par semaine, le modèle à quatre cases, du prix modique de 22 francs s'impose.

« Alors l'économie est double, soit de 216 francs par an; si mes calculs sont exacts, et convenez que j'ai mis de mon mieux les points sur les i, il semble que je ne suis pas à côté lorsque j'ai défini l'épinette Lagrange : *un bon* meuble : un meuble de 15 francs rapportant 108 francs par an; un meuble de 22 francs qui en rapporte 216 ne peut être qu'un *bon meuble.* »

Nous arrêterons ici la nomenclature de l'outillage d'amateur,

tel que nous l'établissons à la maison, bien que cette nomenclature ne soit pas absolument complète ; il y manque quelques
pièces dont nous donnerons la description plus loin où elles seront mieux à leur place lorsqu'il sera question de leur application et de leur emploi.

Nous croyons devoir clore ce chapitre par une recommanda-
tion qui a sa valeur, et qui est relative au mode de réception
et au déballage de nos appareils lorsqu'ils vous parviennent
par le chemin de fer ou par le roulage.

Note pour la Réception et le Déballage.

Voir à l'arrivée et avant d'en prendre livraison si les objets
n'ont point été endommagés pendant le transport ; s'il y a dé-
gâts, *les faire constater* et faire ses réserves auprès de la Cⁱᵉ
ou du voiturier, qui sont seuls responsables des avaries de
route.

Dans aucun cas, ne refuser la marchandise ; car ce refus en-
traînerait des frais de magasinage toujours très élevés et qui
seraient à la charge du destinataire.

Enlever soigneusement les quelques morceaux de bois qui
constituent l'emballage.

Les instructions pour la mise en train et la conduite des appareils, ainsi que les menus objets sont expédiés ordinairement
dans le tiroir de l'incubateur, et sous l'Éleveuse, lorsque cette
dernière est expédiée seule.

Le grand thermomètre se lisant à l'extérieur de la couveuse
est soigneusement enveloppé de papier et fixé par deux ficelles
au côté gauche du tiroir.

Une des poignées de la vis est arrêtée au-dessous de la couveuse afin qu'on ne puisse l'actionner pendant le transport, il
suffit de couper le lien qui la retient pour la rendre libre.

CHAPITRE IV.

INCUBATION.

Nous avons vu, au Chapitre I, qu'il y a des races de poules qui ne couvent pas, et d'autres qui se prêtent, avec plus ou moins de bon vouloir, aux devoirs de la maternité. Mais il est bon de faire remarquer que, même chez ces dernières, la fièvre d'incubation vient à son heure, généralement à la suite d'une fin de ponte et lorsque la belle saison a ramené la chaleur ; mais à ce point de vue, notre volonté n'a pas de prise et le bon vouloir de la poule n'est pas subordonné à notre désir. Tout ce que nous pouvons faire, c'est d'avancer de quinze jours ou trois semaines l'époque où la poule voudra garder le nid, par une nourriture stimulante : de la pâtée à la mie de pain et aux œufs durs additionnée de quelques grains de chénevis, de la viande hachée crue ou cuite. Vous êtes avisé que la poule va couver lorsqu'elle glousse en hérissant ses plumes, repousse les avances du coq, fait des stations au nid de plus en plus prolongées, et enfin reste sur ses œufs sans vouloir les quitter. Lorsqu'elle supporte votre présence et même quelques petites tapes sur le dos sans se décider à déguerpir, c'est qu'alors elle est à point et vous pouvez lui confier une couvée d'œufs. Cette couvée ne doit pas dépasser le nombre douze, treize au plus, d'œufs d'une dimension égale ou inférieure à ceux que pond d'habitude la couveuse. Ainsi, ce serait folie par exemple, de confier à une poule naine ou négresse treize œufs de grosseur moyenne. Pour ces dernières la quantité d'œufs doit être proportionnée à la surface qu'elle peut réchauffer au contact de son corps. De cinq à sept œufs ordinaires sont suffisants pour une négresse, par exemple. Une dinde peut en recevoir une quinzaine. C'est à l'amateur de proportionner la charge à la capacité de son auxiliaire.

On peut faire couver la poule ou la dinde dans un panier creux fermant par un couvercle. Pour notre compte nous préférons une boîte s'ouvrant par le haut au moyen d'une porte à char-

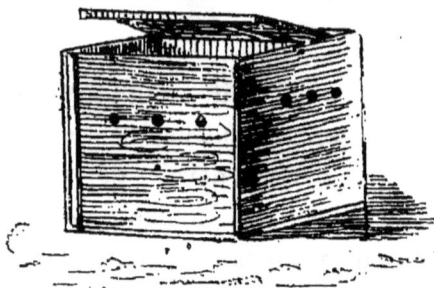

Boîte à couver système Leroy (poule captive).

nières, comme étant d'un nettoyage plus facile. Cette boîte se ferme sur le devant à l'aide d'une porte à coulisse faite de barreaux pour le renouvellement de l'air, qui nous servira plus tard après l'éclosion pour tenir la poule captive et permettre la sortie à ses poussins. Provisoirement, la boîte en question, garnie d'une litière arrondie en forme de cuvette, reçoit la couveuse et ses œufs ; mais alors, contrairement à la méthode suivie par quelques-uns de nos confrères, nous enlevons la porte à coulisse pour laisser à la poule toute liberté de sortir à son gré. De cette façon nous évitons l'inconvénient de trouver les œufs salis par les déjections de la couveuse, lorsque celle-ci pressée par un besoin naturel ou fatiguée, ne peut attendre jusqu'à l'heure où vous la levez d'habitude.

Durant l'incubation, qui doit s'effectuer dans un local éloigné du bruit et maintenu dans une demi-obscurité et à une température uniforme, le rôle de l'éleveur consiste à veiller à ce que la couveuse ne manque de rien de ce qui peut contribuer à la maintenir en santé, car son travail l'échauffe et la fatigue. L'état de santé de votre auxiliaire vous est indiqué par ses déjections. Les fientes sèches ou demi-sèches sont un bon symptôme. Mais si vous remarquez de la diarrhée il faut supprimer la verdure de son ordinaire et additionner son eau de boisson de quelques gouttes de vin.

Un autre indicateur sur lequel vous devez porter toute votre

Boîte à couver système Lagrange (poule libre).

attention, c'est la couleur de la crête. Si la crête pâlit, c'est un signe que la poule est malade, et le plus souvent infectée de vermine, à laquelle l'accomplissement de ses fonctions de couveuse la livre sans défense.

Aussi, toute couverie bien comprise devra être munie d'un meuble, qui est comme la baignoire de tout gallinacé, auquel sa constitution particulière ne permet d'autres ablutions que des ablutions de poussière.

Nous avons construit ce meuble indispensable, que nous avons mis dans le commerce sous le nom de *Poudroir*.

Cet appareil est destiné à recevoir un compost de terre sèche tamisée, ou de cendre mélangée d'un peu de fleur de soufre.

Il fait partie du mobilier de toute poulerie ou volière, où on le dispose à l'abri du vent, tourné au soleil levant pendant l'été, au midi durant l'hiver. C'est là que les volatiles iront se poudrer pour se débarrasser de leurs parasites. Un toit formant auvent sert à abriter le compost de la pluie et le maintient constamment sec. En cas de pluie d'orage il sert d'abri momentané.

Cet appareil se prête à d'autres usages, et peut servir de réfectoire pour poules, canards, dindons; dans ce cas il reçoit,

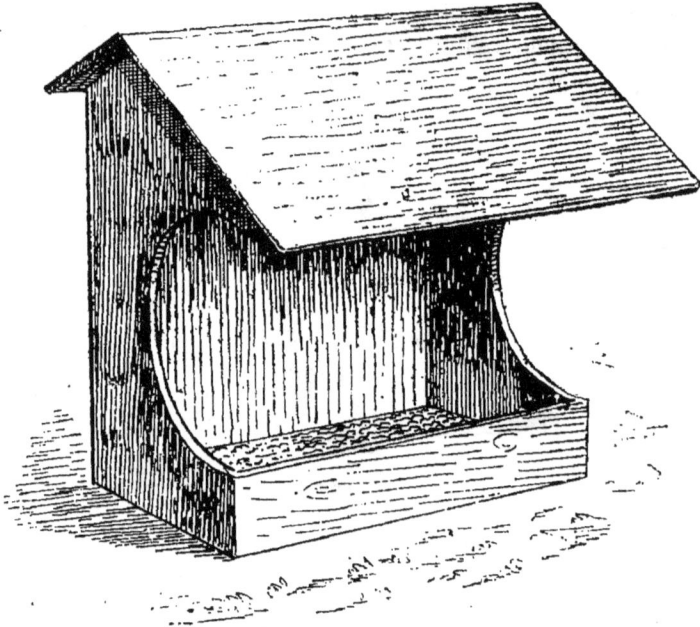

Poudroir.

en place de compost, le menu des oiseaux, qui est ainsi abrité de la pluie et du soleil. Mais revenons à nos couveuses.

Il arrive souvent, dans la saison chaude surtout à la suite d'orages, que le couvoir est envahi subitement par des légions de vermine, et le succès de l'incubation se trouve compromis, la poule étant exposée à périr sur ses œufs.

Dan ce cas, il n'y a pas à hésiter et il faut employer de suite les grands remèdes. Il y en a de plusieurs degrés.

Le premier consiste dans l'emploi de la poudre insecticide. Une longue pratique de l'élevage nous a conduit à composer un Insecticide dont l'effet est certain pour la destruction des parasites et qui est inoffensif pour la santé des sujets. Il renferme, en plus, des matières odorantes, très salutaires pour préserver les oiseaux des atteintes du *ver rouge* et autres vers intestinaux.

Cette poudre est expédiée en sachets et voici son mode d'emploi.

Prendre l'oiseau (Poule ou Faisan) par les pattes et, avec la main, introduire la poudre le plus possible sous les plumes

Sachet de poudre insecticide.

et sur toute la surface du corps ; particulièrement sous le croupion et sous les ailes. Secouer légèrement l'oiseau pour faire tomber dans une boîte (au-dessus de laquelle on aura soin de le placer) l'excédent de la poudre.

Il faut renouveler cette opération pendant quelque temps, tous les deux jours ; car la poudre ne détruisant que les insectes, les larves, les œufs peuvent donner naissance à d'autres parasites qu'une nouvelle frottée détruira.

Pour les amateurs soucieux d'employer les grands moyens et de procéder à une exécution de la vermine radicale et sans appel, nous avons imaginé un appareil connu sous le nom d'*Exterminateur*, et dont M. Leroy, un aviculteur dont la compétence est depuis longtemps établie, a publié le compte rendu suivant :

(Extrait de la *Revue des sciences naturelles appliquées*, n° II. 5 juin 1890).

La destruction de la vermine de la volaille.

« L'une des plus sérieuses préoccupations de tout éleveur est celle qui a trait à la vermine, à l'infime et ignoble vermine, qui tourmente et tenaille les couveuses sur leur nid au point de les arrêter dans leur tâche, quand elle ne les tue pas au champ d'honneur.

« L'invasion de l'insecte assassin, pendant les jours d'orage, se produit d'une façon tellement subite, qu'elle déconcerte, la plupart du temps, le praticien le mieux avisé et compromet trop souvent le succès des couvées confiées à des poules ou à des dindes.

« L'emploi de la poudre insecticide a été souvent indiqué comme remède, mais le remède est plus ou moins efficace, suivant la fraîcheur de cette poudre ou les soins apportés à sa préparation.

« Quelques gouttes d'acide phénique répandues sur un linge imbibé d'eau et disposé dans la couverie sont plus appropriées. L'odeur du phénol est tout à fait antipathique aux acares, mais, par suite de la volatilisation, cette odeur persiste plus ou moins longtemps, et, d'ailleurs, la nécessité de maintenir les couvées dans un air pur vous interdit d'abuser du phénol.

« Il arrive donc trop souvent qu'un beau matin vous trouvez votre couveuse languissante, la crête pâle, refusant toute nourriture, alors que pas plus tard qu'hier elle était pleine de santé. Les poux de poule qui courent sur vos mains dès que vous l'avez tirée du nid pour la faire manger, vous disent assez la cause de son mal.

« Vous ne pouvez pas songer à lui confier la suite de l'incubation dans cet état. Avant le lever de demain, votre brave auxiliaire sera défunte, vos œufs refroidis et le succès compromis.

« Que faire alors? — Rien de plus simple. Ce sera l'affaire de quelques minutes et votre poule, complètement rétablie, va tout à l'heure reprendre son service.

« En prévision de ce qui se passe, vous avez dû, sans attendre la saison de l'élevage, vous précautionner d'un meuble précieux, qui fera bientôt partie de l'outillage de tout amateur. Ce meuble, d'invention récente, se trouve dans le commerce sous la désignation d'*Exterminateur Lagrange.*

« L'appareil en usage dans les établissements de bains, pour les bains de vapeur, et consistant en une boîte bien fermée, dans laquelle le malade, enfermé dans une espèce de cangue, est soumis à une chaleur progressive, à l'exception de la tête qui reste en dehors pour lui permettre de respirer, a dû donner à *M. Lagrange* la première idée de son utile engin.

« L'Exterminateur se compose d'un coffre en bois fermant hermétiquement, dans lequel on introduit le volatile que l'on désire traiter, laissant sortir la tête par une ouverture ménagée à cet effet, afin de permettre à l'oiseau la respiration à l'air libre. Cette ouverture est agencée en forme de lunette de guillotine au moyen de deux planchettes évidées suivant la grosseur du cou de la volaille à traiter. Ces deux planchettes sont rapprochées et fixées, de façon à ne pas permettre la rentrée de la tête tout en réservant le jeu nécessaire à la respiration.

« Une cloison à claire-voie, placée à l'intérieur, maintient le volatile et l'empêche de se fatiguer s'il faisait des efforts pour rentrer la tête dans la boîte; cette cloison peut être rapprochée ou éloignée en glissant dans des rainures, selon la grosseur de l'oiseau à traiter.

« Un petit rayon, disposé intérieurement à la partie supérieure, reçoit une mèche soufrée.

« La bête introduite (c'est ici que l'affaire se corse), la mèche

est allumée et le couvercle abaissé. La combustion du soufre
produit alors un dégagement d'acide sulfureux qui emplit la
boîte de gaz délétère dans lequel baigne le corps de l'animal.

« Cinq à sept minutes suffisent pour tuer tous les parasites.
Quant à ceux de ces sales insectes qui auraient la velléité de

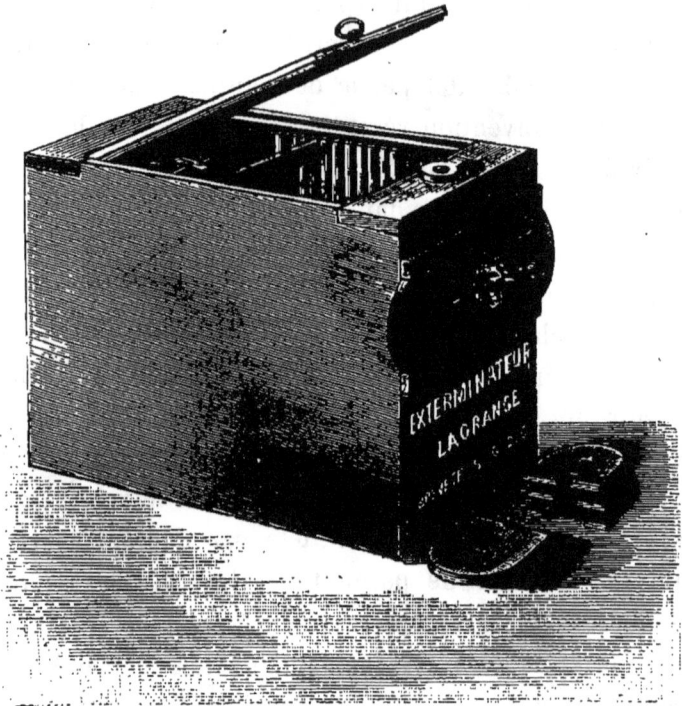

Exterminateur.

se réfugier sur la tête, une application d'alcool camphré,
faite préalablement à l'opération, à l'aide d'un pinceau sur
cette partie, en a eu facilement raison.

« L'exterminateur Lagrange est établi en trois grandeurs,
chacune avec pièces de rechange proportionnées, et est muni
de cales qui haussent le fond à volonté et permettent de traiter
également de petits volatiles avec un grand modèle. En un
mot, l'engin en question est l'œuvre d'un praticien doublé
d'un ingénieur, qui a tout prévu.

« Vous comprenez de reste que chez tout amateur muni de
la machine exterminatrice, les insectes ennemis n'auront qu'à
bien se tenir. Leur compte sera réglé en quelques minutes, et
pour longtemps. Les œufs soumis à l'incubation n'auront pas
eu le temps de refroidir que déjà, la couveuse soulagée sera
prête à reprendre son travail. Seulement, il sera peut-être utile
de les transporter de leur nid dont la litière est infectée, dans
un nid tout neuf, après les avoir préalablement passés à l'examen. Encore n'est-il pas bien sûr que l'odeur de soufre, dont
la couveuse est saturée, ne soit pas suffisante pour les contraindre à déguerpir. »

Nota. — L'auteur de *la Poule pratique* n'a dépeint l'appareil
qu'au point de vue des volatiles, s'occupant lui-même tout spécialement des oiseaux; mais notre *Exterminateur* est également appelé à rendre de grands services à la race canine
et remplacera, pour les chiens, avantageusement, les bains de
barège, si difficiles à leur faire prendre et toujours très désa-
gréables pour la personne qui en est chargée.

Ce bain d'acide sulfureux sera souverain; non seulement
pour les débarrasser des puces, teignes et poux qui les incom-
modent; mais encore pour détruire les maladies parasitaires
de la peau, telles que la gale.

Nous venons de passer en revue les principales dispositions nécessitées par l'incubation dont la conduite est confiée à des poules ou à des dindes. Ajoutons, pour être complet que le succès est d'autant plus assuré que les œufs sont de ponte plus récente et que, malgré quelques exemples du contraire, il ne faudrait guère compter sur la réussite avec des œufs pondus depuis plus d'une trentaine de jours.

Nous ferons observer en outre qu'il est utile de constater que vos couveuses se lèvent au moins une fois par jour. On a vu des poules et des dindes tellement prises de la fièvre maternelle qu'elles en perdent le boire et le manger et ne se décident pas à quitter le nid. Or, s'il est essentiel que vos auxiliaires se restaurent, se poudrent et satisfassent leurs besoins naturels, il est non moins indispensable que les embryons contenus dans les œufs renouvellent leur provision d'air au moins une fois par jour, ce qui a lieu naturellement à travers les pores de la coquille par suite du lever de la couveuse et du changement de température momentané qui en résulte.

Lors donc que cet inconvénient se présente, c'est à vous éleveur, de forcer la couveuse à se lever une fois au moins par jour, à heure fixe, vingt minutes durant environ ; si elle s'accroupit au sortir du nid et reste inerte et comme engourdie, il convient de la stimuler et de la forcer à prendre de l'exercice.

On le voit, l'incubation menée avec des poules comme auxiliaires, n'est pas sans nécessiter quelques précautions et sans avoir ses inconvénients. Aussi et pour peu qu'on veuille s'adonner à l'élevage sur une certaine échelle, l'incubation artificielle, aujourd'hui pratiquée couramment, même dans beaucoup de fermes où la conduite en est dévolue à des domestiques d'intelligence très ordinaire, l'incubation artificielle, disons-nous, s'impose.

L'incubation artificielle a pour elle des avantages considérables dont les principaux sont les suivants :

1° Possibilité de faire couver à la volonté de l'amateur, au jour et à l'heure qu'il lui plaît de choisir, des œufs qui, souvent, ne peuvent attendre (des œufs de gibier trouvés dans les champs par exemple, et déjà couvés), et de s'affranchir du bon vouloir ou du caprice de la poule qui ne couve qu'à son heure, souvent fort tard en saison; qui, quelquefois peut abandonner son nid ou périr sur ses œufs, ce qui vous laisse dans un embarras énorme;

2° Suppression des inconvénients de la vermine et de la mauvaise odeur répandue par les déjections d'une bête échauffée par une séquestration prolongée;

3° Économie de nourriture et faculté de rendre à la ponte une poule dont les produits sont annihilés durant sa période de travail et aussi durant l'espèce de convalescence qui en est la suite;

4° Facilité d'obtenir des couvées nombreuses et de soumettre à la fois des centaines d'œufs à l'incubation.

Le seul point bien essentiel à observer consiste à jeter de temps en temps un coup d'œil sur le thermomètre dont est muni l'appareil.

Voici au surplus nos instructions détaillées, spéciales à l'incubateur que nous avons perfectionné, et dont nous avons donné le dessin et la définition au chapitre III relatif à l'outillage.

Instructions détaillées pour la conduite des couveuses à lampe et à tiroir à hauteur variable.

Installer l'appareil bien d'aplomb, dans un lieu tranquille, où la température varie peu, à l'abri des courants d'air.

Remplir le réservoir d'eau chauffée à environ 70 degrés, ce qui donne une température approchant 40 degrés dans le tiroir.

Le remplissage se fait par la tubulure ménagée sur le thermosiphon à droite. Éviter de pencher la couveuse en arrière lorsqu'elle est pleine, car on ferait arriver l'eau dans la chambre du tiroir par le tube, dont l'orifice est situé au fond, sous le réservoir, tube qui est destiné à amener l'humidité nécessaire aux œufs.

Le réservoir est rempli, une fois pour toutes, et l'eau n'a plus besoin d'être changée, ni renouvelée. Opérer le remplissage lentement jusqu'au 0 de l'échelle fixée au thermosiphon et boucher avec un bon bouchon de liège. La contenance du réservoir est de 28 litres pour une couveuse de 50 œufs, 38 litres pour une couveuse de 85 œufs et 50 litres pour une couveuse de 100 œufs.

Mettre le tiroir à une distance d'environ 2 à 3 centimètres du réservoir en le montant au moyen de la vis s'il y a lieu.

Environ deux heures après le remplissage, vérifier la température et n'allumer la lampe qu'autant que le thermomètre sera descendu à 40 degrés ou au-dessous.

Pour enlever la lampe du caléfacteur, retirer préalablement la cale qui est au-dessous. Monter peu la mèche, mais toutefois assez pour obtenir une flamme *claire et sans fumée*. Il est facile de vérifier l'état de la flamme par l'orifice supérieur.

La mèche de la lampe doit brûler étant descendue *au-dessous* de la capsule sphérique et non au-dessus, comme sont tentées de le faire quelques personnes; l'huile employée est l'huile minérale soit *schiste* ou *pétrole*, jamais d'essence (1).

La lampe doit être approvisionnée une fois par jour et la mèche essuyée au moins deux fois; soit matin et soir. Pour donner une flamme bien égale, cette lampe doit toujours être entretenue dans un grand état de propreté, il faut enlever tous les moucherons qui peuvent se former et tombent à l'in-

(1) L'huile de schiste est moins inflammable que le pétrole; la Maison étant placée dans le pays de production livre aux personnes qui le désirent d'excellente huile de schiste à 0 fr. 40 le litre en bonbonne de 20 à 60 litres (bonbonnes facturées en plus de 2 à 5 francs selon grosseur).

térieur du bec, pour cela il suffit de retourner le bec l'ouverture en bas pour les faire sortir.

Ne garnir le tiroir d'œufs que lorsqu'on sera arrivé à fixer la température de 39 à 41 *degrés* (qui est celle nécessaire à une bonne incubation), ce qui a lieu au bout d'un jour ou deux au plus.

On obtient la régularité de la température :

1° Au moyen de la lampe dont on augmente ou diminue l'intensité de la flamme, en montant plus ou moins la mèche;

2° En descendant le tiroir, lorsque la température est trop forte, et en le remontant lorsqu'elle est trop faible. Il est bon d'avoir deux lampes de grosseur de bec différente, que l'on utilise selon les saisons : autant que possible se servir du bec le plus petit, car l'écueil à éviter est *l'excès de chaleur.*

Il faut être très difficile sur le choix des œufs et rejeter tous ceux qui sont graveleux et mal conformés, ou bien dont la coquille à la lumière offre des taches ou pointillés plus clairs.

Prendre les œufs *frais pondus;* plus les œufs sont frais et proviennent de poules en bonne santé, vives et *ayant un grand parcours*, plus la réussite est grande.

Pendant la durée de l'incubation retirer le tiroir matin et soir, l'espace de 10 minutes environ; ne laisser la porte ouverte que le temps strictement nécessaire pour la rentrée et la sortie du tiroir. Tourner les œufs et les *changer de place avec précaution;* pour faire cette opération, il est bon de faire au préalable une marque au crayon sur chaque œuf. Avoir toujours les mains sèches et propres lorsque l'on touche aux œufs. Éviter autour de l'incubateur le bruit, les trépidations et les mauvaises odeurs.

Mirer les œufs au bout de cinq jours d'incubation (soit 120 heures) afin de retirer les œufs clairs. La Maison vend pour cela un *Mire-œufs*, dont le prix est très modique (2 francs, ou 2 fr. 15 expédié franco par la poste). Cet instrument est d'un emploi facile. Nous allons en donner une description détaillée.

Description : Ce petit instrument se compose d'un cône tronqué en drap noir recouvert de peau souple, les diamètres aux deux extrémités sont ceux d'œufs de poules variant des plus gros aux plus petits (1).

L'intérieur de ce cône forme chambre noire, où se voit clairement tout le contenu de l'œuf.

Avantages : Il est le plus simple, le plus pratique et le meilleur marché de tous les instruments de ce genre.

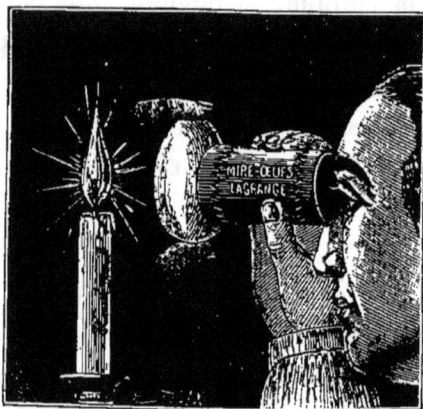

Mire-œufs.

Dans le moment des couvées il sert à reconnaître, après seulement 5 jours d'incubation, les œufs clairs; ce qui permet de les retirer et de les utiliser pour la consommation.

Peu encombrant, il peut être mis dans sa poche et permettre à toute ménagère soucieuse de ses intérêts de reconnaître sur place, en plein jour, la fraîcheur et qualité des œufs dont elle désire faire l'achat.

Instructions pour l'emploi : Pour connaître les œufs fécondés, l'opération se fait en prenant l'œuf de la main gauche dans le tiroir de l'incubateur, ou sous la poule (avant qu'il ait été retourné, parce qu'alors le germe, se trouvant dans le des-

(1) La Maison fait, sur demande, des MIRE-ŒUFS de moindres diamètres pour mirer œufs de Perdrix, Colins, etc.

sus de l'œuf, sera plus visible) le gros bout tourné en haut. En appliquant l'œuf d'un côté du Mire-œufs tenu de la main droite, l'œil placé à l'autre extrémité et tourné vers la lumière, soit lampe, bougie ou soleil, on verra distinctement le contenu de l'œuf.

S'il est fécondé, on aperçoit un point noir de la groseur d'un petit pois, flottant au centre, avec des veines rouges partant de ce point et allant à la circonférence.

S'il n'est pas fécondé, l'œuf apparaît semblable à un autre n'ayant pas été couvé.

La fraîcheur des œufs se reconnaît à l'inspection de la chambre à air, c'est-à-dire du vide existant au gros bout de l'œuf; ce vide n'a pas plus d'un centimètre de diamètre le jour de la ponte et va en grandissant au fur et à mesure que l'œuf vieillit, par suite de l'évaporation qu'il subit.

Il est donc facile de reconnaître les degrés de fraîcheur de l'œuf à la dimension de la chambre à air.

Le vingtième ou le vingt-unième jour, la plupart des poussins auront becqueté la coquille, il faut alors retourner seulement les œufs intacts, comme d'habitude, mais ne pas toucher à ceux qui ont commencé de bêcher, car le poussin est placé dans l'œuf à la place qu'il doit occuper; en le retournant, cela le dérange, interrompt son travail et peut le faire périr.

Retirer les poussins éclos toutes les 12 heures, et lorsqu'ils *sont suffisamment essuyés;* à chaque fois remonter le tiroir proportionnellement au nombre de poussins enlevés, car, ces poussins vivant et constituant une source de chaleur, leur enlèvement produit un abaissement de température auquel il est facile de remédier par le *rapprochement du tiroir de la chaudière.* Les poussins retirés seront confiés à des poules ou mis sous *l'éleveuse* et laissés 24 heures au moins sans nourriture (voir l'instruction relative à la conduite des éleveuses qui est donnée en faisant l'acquisition de cet appareil).

Le thermomètre extérieur, très utile en ce qu'il permet de

voir, à toute heure du jour, la température sans ouvrir le tiroir, s'introduit, la porte étant fermée, dans le trou ménagé
dans la coulisse en cuivre destinée à le recevoir ; il faut le pousser jusqu'au fond de la rainure, afin qu'il soit bien à la place
qu'il doit occuper. Avoir soin de le retirer avant d'ouvrir la
porte. Il peut se faire que ce thermomètre marque un degré de
moins que celui intérieur étant plus exposé au refroidissement il ne faut pas que la température qu'il indique dépasse
40 ou 41 degrés. Lors de la montée et de la descente du tiroir,
faire glisser la coulisse afin que ce thermomètre soit toujours
bien horizontal.

Éviter de soumettre les thermomètres à une température
supérieure à 47 degrés, car cet excès, par suite de la dilata-
tion du mercure, pourrait les briser, ces thermomètres n'ayant
pas de réservoir à leur partie supérieure, cela afin d'éviter autant que possible la séparation de la colonne de mercure.

Dans le cas où l'on voudrait supprimer la lampe et se servir de la couveuse à l'eau chaude périodiquement renouvelée,
il sera bon de bien envelopper le thermosiphon d'une couver-
ture de laine (tout en ménageant la vue de l'échelle) pour
éviter la déperdition de chaleur ; mais il est préférable de se
servir de la lampe.

Derniers conseils : selon le temps, donner de l'humidité soit
en tenant de l'eau de chaux dans de petites augettes aux angles du tiroir, soit en maintenant dans ses angles des linges
mouillés d'eau chaude, soit en entretenant du sable humide
dans des plats placés sous le tiroir.

Donner à la lampe une flamme bien régulière, toujours la
même, éviter pour un léger écart de température d'en trop
varier l'intensité.

CHAPITRE V.

ÉCLOSION. — PREMIERS SOINS. — ÉDUCATIONS.

L'éclosion, lorsque l'incubation a été bien conduite et sans accident (refroidissement prolongé ou autre) a lieu d'habitude :

Pour les œufs de poule, le 21e jour ;

de canard, le 28e ;

de dinde, le 30e ;

d'oie, 30e ;

du 23e au 25e suivant les espèces de faisans ;

de perdrix, le 22e ;

de colin le 23e ;

de paon, le 30e ;

de pintade, le 28e.

Il se produit quelquefois un retard d'un ou deux jours suivant qu'il y a eu abaissement de la chaleur développée par la couveuse naturelle (poule ou dinde) plus ou moins fatiguée, ou par l'incubateur par suite de ce que la lampe du caléfacteur s'est éteinte fortuitement, ou pour toute autre cause accidentelle.

Il ne faut donc pas désespérer lorsque l'éclosion éprouve un retard d'un ou deux jours et même davantage.

Les jeunes, à mesure des naissances, sont ramenés sur le devant du nid, si s'est une poule qui les couve, pour éviter qu'ils ne soient écrasés dans son travail de retournement des œufs non encore éclos ; et les coquilles rejetées hors du nid. Le mieux est de mettre les nouveau-nés sécher sous l'éleveuse

artificielle amorcée d'avance en prévision des événements,
sauf à les restituer à leur mère naturelle lorsque l'éclosion sera
complète. Ils peuvent d'ailleurs et même ils doivent rester au
moins de 24 à 36 heures sans prendre de nourriture, ce délai
étant nécessaire pour leur donner le temps de résorber le
reste du jaune qui a servi à alimenter les embryons dans leur
coquille jusqu'au jour de l'éclosion. Dès lors ils n'ont, provisoirement, besoin que de chaleur.

Les écloisons terminées, les petits séchés, et le jeûne de 24

Boîte couveuse disposée en boîte à élevage.

à 36 heures ayant été accompli, deux systèmes d'élevage se pré-
sentent au choix de l'amateur : l'éducation naturelle confiée
à la poule, ou l'éducation artificielle confiée à la machine
éleveuse.

Commençons par le premier. C'est la poule ou la dinde qui a
obtenu votre préférence.

C'est alors que notre boîte à couver va nous être d'une
grande utilité.

La couvée finie, la boîte nettoyée et assainie se transforme
en boîte d'élevage. A la place de la porte pleine, sur le devant se glisse une cloison à barreaux ayant un espace suffisant pour tenir la poule captive et laisser la sortie libre aux
poussins. Le soir une deuxième porte pleine glissant dans

une deuxième rainure permet d'enfermer la couvée et de la mettre à l'abri des bêtes puantes.

Un couvert abrite le tout et permet de disposer la petite cabane dans un bosquet, sur une pelouse, où les poussins feront une ample moisson d'animalcules. Cette boîte très légère peut être transportée facilement et rentrée à l'abri par les mauvais temps.

Cette boîte est agrémentée, si on le désire d'un toit avec découpure très jolie donnant au tout l'aspect d'un petit chalet qui fait un très bel effet dans un parc sur une pelouse.

Boîte d'élevage agrémentée d'un toit avec découpure.

La boîte d'élevage Gérard recommandée et décrite si minutieusement par Jacques dans son traité, déjà ancien, est de plus grandes dimensions que la boîte Leroy — et convient pour l'élevage en grand. Cette boîte peut rester à demeure là où on l'installe. (Au reste ses dimensions et son poids la rendent difficilement transportable.)

Elle se compose d'un compartiment éclairé par une fenêtre grillagée où se tient la poule retenue captive par un système de barreaux. En face est le réfectoire, où les poussins seuls ont accès pour s'ébattre et profiter de la pâtée mise hors de la portée des convoitises de leur mère.

Lorsque le temps est au beau, les poussins peuvent pousser des reconnaissances et sortir au dehors autour de la maisonnette, en passant à travers les barreaux. Dès qu'ils sont assez forts pour se permettre de grandes excursions, on donne liberté à la poule en enlevant la cloison pleine. Le soir venu, elle ramène sa couvée au logis, et pour assurer la sécurité de la famille, on n'a qu'à assujettir les deux portes pleines qui ferment la maison, et qui se fixent par des tourniquets. L'aération a été ménagée par une croisée grillagée établie dans chaque porte, et qu'on peut vitrer par-dessus le grillage si le temps se met au froid.

Boîte d'élevage Gérard.

Par les temps pluvieux, la couvée reste enfermée. Une fenêtre, ménagée dans la toiture, éclaire suffisamment l'habitation. Cette habitation est construite d'ailleurs de telle façon que toutes les parois se démontent et s'enlèvent, de manière à faciliter le nettoyage.

Lorsqu'on se décide à donner à la poule la liberté et la conduite des poussins déjà forts, c'est le moment de mettre à la disposition de ces derniers l'appareil décrit au chapitre III sous le nom de Réfectoire, et qui a pour but d'interdire à la poule gourmande le gaspillage des friandises destinées à ses élèves.

Les barreaux qui permettent à ces derniers exclusivement l'entrée du réfectoire sont fixés très légèrement par des pointes qu'on n'enfonce pas à fond, de manière à pouvoir les espacer au fur et à mesure que les oisillons prennent de la taille.

Le dessus est établi en forme de toit à deux pans, dont l'un, celui de derrière, fixé par trois charnières, se lève comme un couvercle et permet d'introduire la nourriture, que l'on dispose dans des augettes et sur des billots.

Ce réfectoire, très léger, est facilement transportable, ce qui permet de l'installer dans un milieu convenable, à l'ombre

Réfectoire à poussins.

à certaines heures de la journée si le soleil se montre trop ardent.

Il peut servir de mue et tenir la poule mère captive et à l'abri, lorsqu'on veut permettre aux poussins l'accès du jardin où, vu leur jeune âge, ils ne peuvent commettre aucun dommage dans les plates-bandes.

Nous avons parlé tout à l'heure d'un second système d'élevage, celui où le gouvernement des oiseaux nouveau-nés au lieu d'être subordonné à une poule ou à une dinde, est confié à la machine.

Nous avons donné le dessin de cette machine avec sa description au chapitre de l'outillage.

Il est bon de préparer son éleveuse la veille de l'éclosion, afin qu'elle ait eu le temps de s'échauffer et que la température soit fixée. Voici ensuite la marche à suivre.

Déposer les poussins éclos et bien ressuyés sous l'Éleveuse vers la porte : sentant la chaleur, ils iront d'eux-mêmes gagner le fond. Si la température extérieure n'est pas trop basse, laisser ouvert : sinon, fermer avec la porte à claire-voie.

Placer le *garde-poussins.* Cet objet consiste en une toile métallique se plaçant en demi-cercle devant la porte de l'éleveuse

Éleveuse.

et sert le premier jour à empêcher les poussins de trop s'éloigner et facilite leur entrée sous leur mère artificielle.

Il est bon de faire prendre l'air une fois ou deux dans la journée à ceux qui ne sortiraient pas seuls. Pour cela : enlever le dessus de l'éleveuse et faire venir avec la main les poussins dans le petit préau formé devant la porte par le garde-poussins. Remettre l'éleveuse en place, les poussins rentreront seuls lorsqu'ils sentiront le froid.

La nourriture des premiers jours la plus convenable est une pâtée de mie de pain, œufs durs et salade que l'on a soin de passer dans un petit *clive,* afin de ne donner que les morceaux de grosseur raisonnable. La maison livre pour un prix très minime, des *clives* et des *plats* en bois rendant ce travail facile. Donner ensuite riz légèrement crevé dans de l'eau bouillante et pâtées de : farines d'orge, maïs, pommes de terre, salades..... Ces pâtées devront être délayées avec du lait bouilli étendu de moitié d'eau et déposées sur de petits billots de bois proportionnés à la hauteur des élèves afin qu'ils ne se salissent pas.

Ne pas donner à boire les deux ou trois premiers jours, éviter que les poussins se mouillent; pour cela les abreuvoirs siphoïdes à trois augettes de la maison rendent de réels services ; — le nᵉ 1 « prix 2 fr. » est celui qui convient aux jeunes poussins.

A huit jours, enlever le foin et menues pailles qui garnissent l'éleveuse et les remplacer par une légère couche de sable qui sera renouvelée tous les jours.

Avoir soin de remonter le plafond de l'éleveuse, au moyen des cales, au fur et à mesure que le demande la taille des poussins.

S'assurer de temps en temps que les poussins ne prennent pas de poux, car les parasites nuisent beaucoup à leur croissance.

Aussitôt que l'on en aperçoit, frotter le drap de l'éleveuse avec de la poudre insecticide.

A trois semaines, si la saison le permet, porter le tout dans une cour ou sur une pelouse, pour que les poussins prennent leurs ébats.

Tenir le bec de la lampe toujours très propre, afin que la flamme soit régulière et sans odeur, sortir les moucherons qui peuvent se former.

L'huile employée est l'huile minérale, soit schiste ou pétrole. Jamais d'essence.

Éviter de chauffer trop, car l'alcool arrivant à la partie supérieure du thermomètre et ne pouvant plus s'étendre pourrait le faire casser; si cet accident arrivait, la maison, moyennant le prix de 4 francs (emballage compris) peut en expédier un autre qu'il est facile de replacer soi-même.

Il suffit d'enlever les deux petites plaques de cuivre fixées aux deux extrémités du thermomètre, de retirer l'ancien et mettre le nouveau à la place. Ce thermomètre est coudé en équerre; le réservoir va toucher la chaudière.

Rien ne saurait, au surplus, donner une meilleure idée de l'utilité de notre éleveuse et de la manière de l'employer que l'extrait ci-joint du rapport adressé par M. Leroy déjà cité, à la société d'acclimatation, à propos de ses éducations de Colins de Virginie. Nous ferons remarquer à ce sujet que les difficultés de l'élevage du colin sont les mêmes que celles du perdreau et du faisan et que le rapport de M. Leroy est comme une initiation à ce genre particulier d'élevage, que nous ne pouvons traiter ici *in extenso* pour ne pas dépasser les limites que nous avons assignées à notre volume; mais tout amateur désireux de se livrer à l'éducation des oiseaux-gibier et des oiseaux de volière pourra se procurer chez M. Firmin-Didot le guide spécial, dont l'utilité a été consacrée par plusieurs éditions (1).

Nous nous bornerons à faire observer que l'élevage du poulet est un jeu à côté de celui du colin, et que la méthode qui réussit avec ce dernier est infaillible *à fortiori* si on l'applique au premier.

Voici l'extrait du compte rendu paru au bulletin de la société d'acclimatation à la date du 20 février 1890, n° 4, sous ce titre : « *Colins de Virginie.*

« *Educations en 1888 et 1889 par M. Leroy.*

. « Du 12 au 28 juin, la ponte fut de 15 œufs. La ponte paraissant terminée, cette première série d'œufs fut confiée, le 28 à midi précis, à une petite poule Nangasaki, tenue en haleine sur des œufs d'essai, en prévision des événements.

---

(1) *Faisans, perdrix, tragopans, hoccos, sétras, outardes, bernaches, poules d'eau, canards mandarins, etc., etc. L'élevage pratique*, par E. Leroy, beau vol. illustré, 436 pages, 4e édition, prix 3 fr., franco 3 fr. 50.

« Le 21 juillet, à sept heures du matin, l'éclosion battait son plein ; je retirai de dessous la couveuse sept petits éclos, puis, à huit heures et demie trois autres, puis deux, en tout douze jeunes. Trois embryons étaient morts en coquille.

« Au fur et à mesure des naissances, et encore en moiteur, les nouveau-nés furent introduits dans une éleveuse Lagrange, chauffée et réglée depuis la veille, et où ils achevèrent de se sécher. La chambre chaude de l'appareil avait été garnie circulairement de menu foin bien tassé et aménagé de manière à donner au réduit la forme d'un nid d'oiseau, pour contraindre les petits à se masser les uns contre les autres et à ne pas s'égarer dans les angles.

« Le lendemain 22, dans la matinée, la petite porte à coulisse de l'appareil fut levée et la communication établie entre le réduit chauffé et le parquet, mais les oisillons ne firent ce jour-là que quelques sorties de peu de durée, se bornant à becqueter quelque nourriture, puis retournant aussitôt à la chaleur. Leurs premiers repas se composaient d'œufs de fourmis des gazons bien épluchés, petits vers de farine et petites sauterelles coupés en morceaux, puis pâtée à faisans (mie de pain, œufs durs, chènevis et blé écrasés, laitue hachée fin, le tout mélangé); comme boisson, de l'eau pure, additionnée de quelques gouttes d'infusion d'herbe à mille feuilles. Litière de sciure de bois à l'intérieur du réduit; de très menu gravier dans le parquet ; enfin, dans l'un des angles de ce dernier, un petit tas de sable de grès pour le bain.

« Tel fut le régime des trois premiers jours ; après quoi je commençai à donner quelques petites fourmis vivantes mélangées avec les nymphes ou œufs de fourmis, de menues sauterelles, de petits vers de farine servis entiers. De toutes ces nourritures, c'est le ver de farine qui obtint invariablement la préférence, une préférence très marquée. Une motte de mouron blanc bien frais, renouvelée tous les matins et servie avec sa terre dans un petit récipient vint compléter l'ordinaire. Les petits élèves broutaient avec plaisir cette verdure, et s'installaient volontiers, serrés les uns contre les autres, sur la petite éminence formée par la motte de terre. Ils ne tardèrent pas à prendre l'habitude de se poudrer dans leur tas de sable, dès qu'ils le sentaient chauffé à point par les rayons du soleil.

« Je trouve à ces élevages à la machine le grand avantage de ne donner presque pas de prise aux accidents : pas de petits écrasés ; pas d'infection ; pas de gaspillage de nourriture ; chaleur à la volonté des petits élèves. Le seul point à observer, c'est le maintien de la température de l'appareil à un degré aussi uniforme que possible. Un écart en trop serait pernicieux. C'est ainsi que, le 25 juillet, la flamme du caléfacteur s'étant activée fortuitement, sans cause appréciable, il en résulta, à l'intérieur du réduit, une chaleur intense qui me coûta deux jeunes. Ce fut, du reste, le seul accident à déplorer pour cette couvée, et les dix survivants purent être amenés à bien.

« Le 5 août, les jeunes colins s'étaient développés à vue d'œil ; la plume avait remplacé le duvet de la première enfance ; il leur était poussé de petites queues, ainsi que de grandes plumes aux ailes et ils s'essayaient à voleter çà et là. Malheureusement, le peu de hauteur de leur parquet, revêtu d'un filet, ne leur permettait pas de se mettre à l'essor, et je dus songer pour eux à une installation plus en rapport avec leur état de développement.

« C'est alors que me fut d'un réel secours la *volière-omnibus*, dont j'ai donné la description dans le *Bulletin de la Société* du 5 décembre 1888.

« Un exemplaire démonté de cette volière était déposé dans une grande pièce inhabitée, attendant le moment où j'aurais à en faire usage.

« Le montage de l'appareil fut l'affaire de quelques minutes, et la volière, installée en face d'une fenêtre ouverte au soleil levant, fut en un clin d'œil prête à recevoir mes petits pensionnaires.

« Le montage effectué, je dus procéder à l'aménagement intérieur ; le sol de la cabane fut tapissé de sable sec pour le bain ;
celui du parquet, d'une bonne couche de balayures de grenier
à foin. Des perchoirs furent établis en échelons. Enfin, à l'intérieur, une planchette fut adaptée à plat, juxtaposée à l'une des
deux ouvertures à coulisse pratiquées au bas de l'appareil et
destinées à communiquer avec l'ouverture du réduit de l'éleveuse, réduit mobile et fermant également par une porte à
coulisse. Sur cette planchette, saupoudrée de menu gravier,
fut déposé, dans le même ordre, tout le mobilier garnissant le

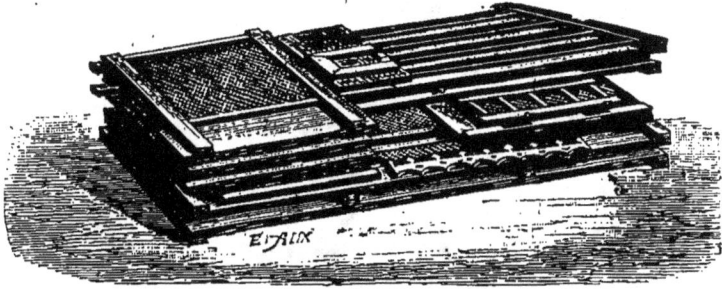

Volière démontée.

parquet de l'éleveuse : canari, plat de verdure, plat de pâtée,
plat de millet, car, depuis quelques jours, ils commençaient à
manger du menu grain. D'après mon estime, il importait que
les élèves, lors de leur changement de milieu, et de leur passage du parquet d'élevage à la volière, se trouvassent aussi
peu dépaysés que possible.

« Cela fait, le 5 août, vers 10 heures du matin, je fis rentrer,
non sans peine, les colineaux dans le réduit chauffé de leur éleveuse. Je les y enfermai à l'aide de la porte à coulisse ; j'enlevai
ce réduit (qui est indépendant du système), de la plate-forme
sur laquelle il reposait, et je vins l'adapter extérieurement,
dans un angle de la volière, à celle des ouvertures en face de
laquelle j'avais disposé le menu. Cela fait, je levai les deux
portes, celle du bas de la volière et celle du réduit. Les commu-
nications étaient ouvertes.

« Le premier jour, les jeunes élèves en profitèrent peu. Ce grand espace de 4 mètres, l'élévation de la volière, au sortir de leur petit parquet de 1/2 mètre carré, semblait leur donner le vertige. Deux heures durant ils se tinrent coi. Je mis à leur portée quelques vers de farine; enfin, deux des plus hardis hasardèrent quelques pas, observant à droite et à gauche, puis rentrèrent aussitôt pour ressortir un peu plus tard. Les autres

Volière omnibus montée.

suivirent à tour de rôle, l'air très intrigué, ralliant à chaque instant leur réduit chauffé. Ce ne fut que le lendemain qu'ils s'émancipèrent d'une façon à peu près complète.

« Je commençai à ajouter à leur menu un mélange de grains variés : petit blé, criblures de riz, sarrasin, chènevis; ils trouvaient, en outre, d'eux-mêmes, en grattant la couche de balayures de grenier à foin qui leur servait de litière, un appoint de menue nourriture que je crois très appropriée.

« Dès que leur promenade était terminée, ils avaient l'habitude de se rassembler en rond sur un point quelconque de leur li-

tière, formant une masse compacte et serrés les uns contre les
autres, toutes les têtes en dehors. De temps en temps, l'un de
ceux qui étaient en bordure passait sur la masse de ses frères
et venait s'insinuer au centre, manœuvre qu'ils exécutaient
l'un après l'autre et à tour de rôle. Cette manière de faire doit
être dans les habitudes du colin de Virginie, car je la leur ai
vu pratiquer même plus tard, en volière, lorsqu'ils furent adultes, et c'est même souvent ainsi que ces oiseaux, pourtant percheurs, passèrent la nuit à terre, massés sur un point de leur
pelouse.

« Le 12 août, au soir, deux élèves se branchèrent pour la nuit,
d'un seul coup d'aile et sans hésitation, les jours suivants, le
nombre des percheurs augmenta graduellement. Les retarda-
taires continuaient à passer la nuit dans une boîte, simplement
garnie de foin, qui avait, depuis le 9 août, remplacé le réduit
chauffé, se communiquant leur chaleur naturelle, laquelle était
très suffisante eu égard à la température de la saison. Bientôt
ils s'émancipèrent et tous se mirent à passer la nuit hors de la
boîte, tantôt sur les perchoirs, tantôt en tas sur leur litière.

« Le 2 septembre, les élèves furent installés dans une volière
au dehors. Cette volière était pourvue d'une cabane close par un
grillage, et dans laquelle se trouvait un perchoir disposé en
échelons. Je leur accordai le parcours libre durant la journée,
mais le soir, durant les premiers temps, je ne manquais pas de
les enfermer sous l'abri, dans la crainte de l'humidité et des
nuits froides. La cabane, comme la volière-omnibus qu'ils
avaient quittée, était tapissée d'une bonne couche de balayures
de grenier à foin, pour les garantir du contact immédiat de
l'humidité du sol. Je suis convaincu que ces balayures, milieu
chaud aux pattes, en même temps que garde-manger constamment remué, ont été mes meilleurs auxiliaires.

« Les colineaux n'eurent pas à souffrir de leur changement
d'installation, parce que je les avais aguerris contre les écarts
de la température extérieure, en maintenant ouverte, jour et

nuit, la fenêtre de la chambre où se trouvait dressée la volière-
omnibus.

« On a pu voir que mon élevage comporte trois étapes :

« *Première étape*. — Aussitôt l'éclosion, et les petits encore
en moiteur, installation dans le réduit chauffé d'une éleveuse,
vingt-quatre heures durant, puis éducation dans cette éleveuse
pendant une quinzaine de jours environ.

« *Deuxième étape*. — Transfert des élèves âgés de quinze
jours, dans la volière *omnibus* de 4 mètres de surface, disposée
dans un endroit clos, exposé néanmoins aux influences de la température extérieure, avec laquelle les jeunes doivent se familiariser de bonne heure. La couche de menu foin qui tapisse
cette volière d'appartement est la meilleure garantie contre les
influences de l'humidité du sol ou du froid aux pattes, si pernicieux aux gallinacés.

« *Troisième étape*. — Émancipation complète par l'installation
en volière au dehors, sous la condition de la rentrée des élèves
le soir sous l'abri de cette volière durant les premiers jours, ou
lorsque le temps se met à la pluie persistante, ce jusqu'à l'achè-
vement de la dernière mue. »

Là distribution de la pâtée des jeunes oiseaux est précédée d'une opération de criblure qui a pour objet d'égaliser les bouchées suivant la dimension des becs des consommateurs auxquels elles sont destinées.

A cet effet, nous nous servons avec profit d'un clive ou cadre de bois muni d'un fond en toile métallique.

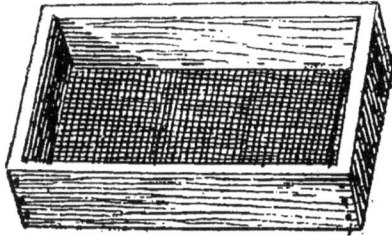

Clive.

Deux ou trois de ces clives, de numéros différents, permettent de distribuer aux élèves les pâtées sèches du calibre spécial déterminé par l'âge des poussins. L'emploi du clive constitue une réelle économie, puisqu'elle évite le gaspillage, attendu que

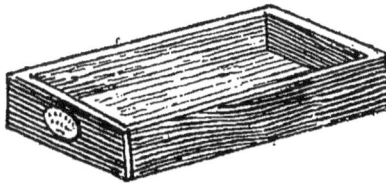

Plat en bois.

les bouchées trop grosses ou trop petites, délaissées par les petits convives, constituent une perte sèche. C'est pour ce motif qu'il en faut plusieurs, de grandeur de maille différente.

Le clive s'adapte à un plat ou récipient en bois de mêmes dimensions destiné à recueillir la portion de pâtée qui passe à travers les mailles.

Il n'y a qu'à disposer le clive au-dessus du récipient et agiter horizontalement.

Il est avantageux de retirer, au moyen d'un clive très fin la menue farine qui tombe des pâtées séchées. Cette farine serait perdue, tandis que, mélangée à la pâtée humide elle constitue un excellent appoint, contenant de l'œuf et de la mie de pain.

Nous avons vu plus haut que M. Leroy, comme régal à ses colins, leur distribuait des œufs de fourmis et des sauterelles. Ces sortes de distributions ne se font qu'à des élèves précieux et

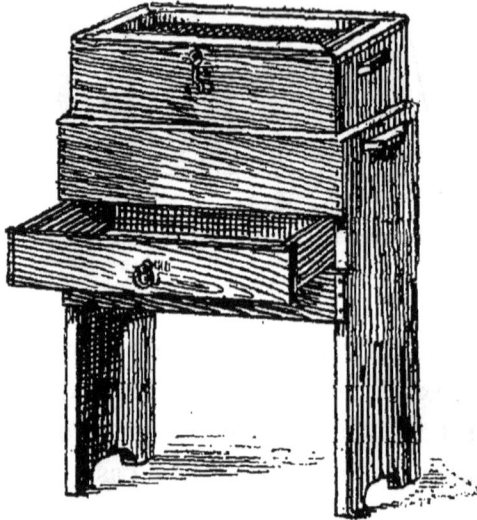

Asticotière.

d'espèce rare ; mais avec des poulets, cela nous mènerait trop loin.

Cependant, il existe un insecte, que nous pouvons produire à volonté et en quantités illimitées, et qui constitue pour les jeunes oiseaux de basse-cour et même de volière un véritable régal, en même temps qu'une nourriture azotée et hygiénique. Nous voulons parler de la larve de mouche, vulgairement désignée sous le nom d'asticot.

Pour produire et recueillir les larves en question, nous avons construit, sous le nom d'asticotière, un meuble très pratique, pas plus encombrant qu'une table de nuit, et dont le prix de revient est bientôt dépassé par l'économie de nourriture qu'il procure.

Le meuble en question comporte, à sa partie supérieure, une caisse dont le fond consiste en un grillage à mailles serrées, et revêtue d'un couvercle à claire voie et à charnières, permettant d'introduire les débris de viande que l'on veut convertir en asticots.

L'appareil est disposé à l'air libre, mais à l'abri de la pluie, sous un hangar par exemple, et les mouches s'empressent d'y venir déposer leurs œufs, qui ne tardent pas à se transformer en larves. Lorsque les asticots ont atteint la grosseur d'un grain de riz, ils cherchent à s'enfouir sous terre pour y subir leurs transformations naturelles (chrysalide et insecte ailé); alors ils descendent, passent à travers le grillage et finalement tombent dans un tiroir destiné à les recevoir et garni d'une couche de son et farine. Ils séjournent dans ce milieu, s'y épurent, et lorsque la ligne grise longitudinale qu'ils portent à la partie supérieure a disparu et qu'ils sont devenus d'un blanc de lait, vous pouvez les extraire et les distribuer à vos oisillons qui se les disputeront à titre de friandise extra.

Pour les retirer, il suffit de verser le contenu du tiroir sur un clive à mailles très fines qui ne laisse passer que la farine et retient les asticots. Cette *proie vivante, qui remue*, a le don d'exciter les convoitises des jeunes élèves qui les préfèrent même aux œufs de fourmis, lesquels ont l'inconvénient, eux, d'être *inertes.*

Je n'ai pas besoin d'ajouter que la distribution doit avoir lieu lorsque les insectes sont à l'état de larves remuantes, sans attendre qu'ils soient métamorphosés en chrysalides, car alors ils seraient inertes, eux aussi, et n'auraient plus le même attrait.

Au bout de quelques jours, on commence à distribuer du grain : millet, criblures de riz, quelques grains de chènevis, puis blé, sarrasin, etc., outre la verdure à discrétion, viande de cheval hachée, crue ou cuite. Le point à observer pour voir pousser les élèves à vue d'œil, consiste à varier la nourriture de manière à maintenir leur appétit constamment en éveil.

Il arrive à chaque instant qu'on est obligé de transporter les poussins, soit sur une pelouse pour leur faire prendre l'air, soit dans un autre parquet pour nettoyer leur éleveuse. Mais alors, pour peu que la couvée soit nombreuse, les petits écervelés vous donnent du fil à retordre et leur pétulance est telle qu'à mesure que vous en prenez un pour le mettre dans un panier ou un tablier, il vous en échappe deux.

Aussi, la pratique nous a conduit à établir un panier qui simplifie les choses. Ce panier, recouvert d'un filet à mailles fines qui empêche les élèves de se blesser en tressautant, est

Panier à transporter les poussins.

fermé à chacun de ses petits côtés par une trappe à coulisse. Il suffit de soulever l'une de ces trappes pour y introduire les poussins au fur et à mesure, ce qui ne souffre aucune difficulté, ceux qui sont déjà captifs ne cherchant qu'à se dresser ou à sauter vers le filet, d'où vient le jour et par où ils présument pouvoir s'échapper.

Dès qu'ils sont transportés dans leur nouvelle installation, on lève les deux trappes et en un clin d'œil tous s'échappent par ces deux ouvertures, joyeux de recouvrer leur liberté.

Nous avons établi également un grand modèle de ce véhicule pour transporter les sujets adultes, dont le plumage, moyennant cette précaution, ne risque pas de se détériorer.

Pendant que nous en sommes à cette question du transport des volatiles, je crois qu'il n'est pas inopportun de mentionner un autre engin, fabriqué également par notre maison, et dont l'utilité nous a été maintes fois démontrée. Nous voulons parler d'une cage d'emballage destinée au transport des poules et faisans pour de longues traversées.

C'est dans des cages de ce modèle que nous avons expédié des oiseaux, et même des faisans très sauvages, tels que vénérés, versicolores et autres, jusqu'à l'île de la Réunion (30 jours de voyage et traversée) sans inconvénient pour leur santé. Les oiseaux à l'arrivée étaient aussi frais qu'au départ.

Cette cage, très légère et en même temps solide, est établie en lames de bois blanc très minces clouées ensemble et rivées. Le plancher est en bois plein. Le pourtour, sauf le devant est garni de toile assez fine, pour les abriter. Sur le de-

Cage à transport.

vant, en saillie, est disposée une rigole destinée à recevoir le menu, ainsi qu'une augette pour l'eau de boisson, de telle sorte que les oiseaux n'ont qu'à passer la tête à travers les barreaux, convenablement espacés pour leur permettre de se restaurer à volonté. Pour les espèces sauvages, le devant à barreaux est muni d'une toile leur ôtant la vue de l'extérieur et en même temps leur évitant tout sujet de panique, tout en laissant un jour par le bas au-dessus de l'augette, juste suffisant pour qu'ils puissent ramasser leur nourriture.

Les oiseaux destinés au voyage sont introduits dans l'appareil par une porte ménagée au-dessus, porte de sûreté que l'on fixe solidement avec du fil de fer, et qu'on peut même cacheter si on le juge nécessaire.

Cette cage-transport trouve encore son emploi lorsqu'il s'agit de séquestrer un oiseau malade, suspect ou blessé, pendant

le temps nécessaire à sa guérison ou à la quarantaine pré-
ventive à laquelle on veut le soumettre si l'on a lieu de craindre
une contagion.

Lorsque vous tenez à obtenir de bons poulets pour la table

Baratte en action,

sans passer par l'épinette, un excellent régime à leur faire
suivre, dès qu'ils sont grands garçons consiste en deux repas de
grain, l'un le matin, l'autre le soir, et un repas à midi composé
de pâtée aux pommes de terre cuites à l'eau et au remoulage,
liée au moyen de laitage. Vous me direz qu'au prix de revient
du lait pris chez la laitière, ce mode d'engraissage vous coûte-

rait les yeux de la tête. Aussi n'est-ce pas l'emploi du lait pur que nous vous conseillons, mais bien le petit lait, c'est-à-dire le résidu de la crème ou du lait qui a servi à confectionner le beurre, et qui, sans valeur pour vous, convient parfaitement pour la fabrication de la pâtée.

A cet effet, nous avons fait confectionner, sous le nom de « *la Rapide* » une baratte d'un bon marché sans précédent, et donnant le beurre soit avec la crème, soit directement avec le lait, et agencée de telle sorte que cinq minutes de travail suffisent pour obtenir le beurre avec la crème; dix minutes avec le lait.

Pendant que nous en sommes à la question des subsistances, je viens soumettre à votre appréciation un meuble qui vous rendra de vrais services lorsque vous aurez à faire des absences prolongées. Nous voulons parler du buffet-trémie, pouvant contenir la ration de plusieurs jours, et agencé de façon à préserver la provision de tout pillage et de toute souillure.

Cet appareil se dispose dans le parquet, où il est très décoratif, en plein air, et repose sur une table à quatre pieds en bois blanchi ou garni de zinc pour empêcher l'accès du magasin aux vivres aux rats, souris et autres parasites. Le pourtour du coffre, qui sert de trottoir aux consommateurs est juste suffisant pour leur permettre de se poser, de manière que leur fientes tombent au dehors et souillent le moins possible le trottoir étroit. Ce coffre est protégé par une toiture à quatre pans que l'on soulève pour introduire la provision de grain; ce grain ne s'écoule qu'au fur et à mesure qu'on le consomme. Au dessous de la tablette se dispose l'abreuvoir qui se trouve ainsi à l'abri du soleil et des déjections des oiseaux.

Tout ce qui précède, concernant le régime, s'applique plus spécialement aux poulets, pigeons, pintades, paons, faisans et perdrix.

Pour les jeunes dindons, la consigne est d'éviter le plus possible la pluie et l'humidité; aussi il faut les rentrer dès que le temps est menaçant. Leur pâtée consiste en un mélange de mie de pain, œufs durs, oignons crus ou orties hachées. Au moment de la pousse du rouge, qui est l'âge critique des dindonneaux, il est utile de leur donner des fortifiants : pain trempé de vin mélangé à la pâtée.

Le petit canard, lui, est un fort mangeur; s'il a une pelouse, une rivière ou un étang à sa disposition, tout est pour le mieux,

Buffet-trémie.

car il trouve de lui-même le meilleur de sa nourriture; vers de terre, escargots, frai de poisson et de grenouilles, cresson et herbes aquatiques. A ce qu'il trouve de lui-même il est bon d'ajouter une pâtée de farine d'orge et de sarrazin délayée avec du lait et mélangée de cresson et d'ortie hachés menu. Le jeune canard consomme beaucoup, mais aussi pousse très vite. A l'âge de trois mois il est déjà bon pour la table.

L'oison est une bête de pâturage; il lui faut la pelouse et la tonte des herbes; la pâtée du premier âge consiste en œufs cuits mollets mélangés de farine d'orge ou de sarrasin, ortie,

cresson, cerfeuil, persil, chicorée sauvage hachés menu, mie de
pain rassis.

Nous avons peu de chose à ajouter, ayant à peu près par-
couru la gamme de tout ce qu'il est utile de connaître pour
un amateur non initié, car c'est à lui spécialement que s'adresse
ce livre.

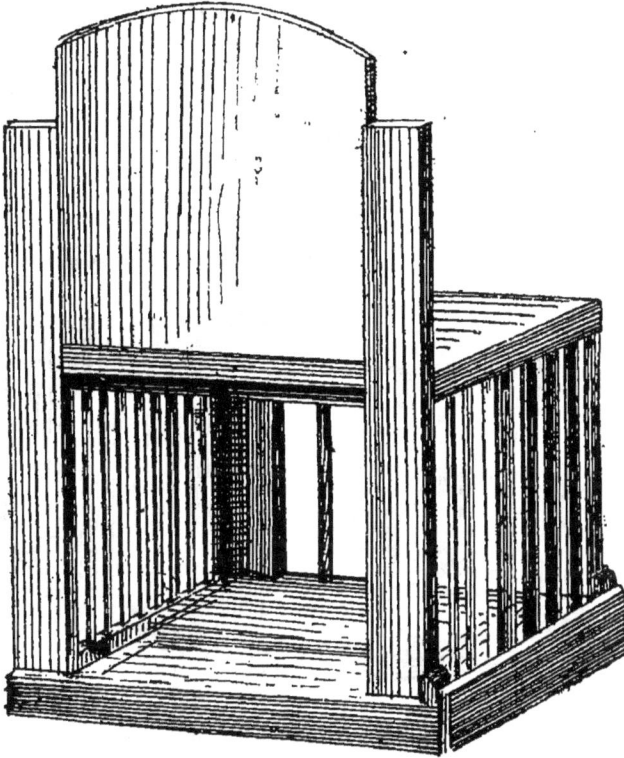

Trappe, vue de l'entrée.

Pourtant, nous avons parlé, au commencement de cet ou-
vrage, des aptitudes du pigeon voyageur et du parti qu'on en
pourrait tirer pour établir une correspondance, une sorte de
petite poste entre votre maison de campagne et telle ou telle
villa, située à bonne distance, et où vous avez des amis. Ce
sont vos pigeons qui seront chargés de porter les invitations
à dîner, et autres.

La pratique a démontré qu'il ne suffit pas que le pigeon voyageur accomplisse rapidement son voyage ; il faut encore pouvoir s'emparer de l'oiseau sans l'effrayer pour prendre la dépêche dont il est porteur.

A cet effet nous avons établi et mis dans le commerce une

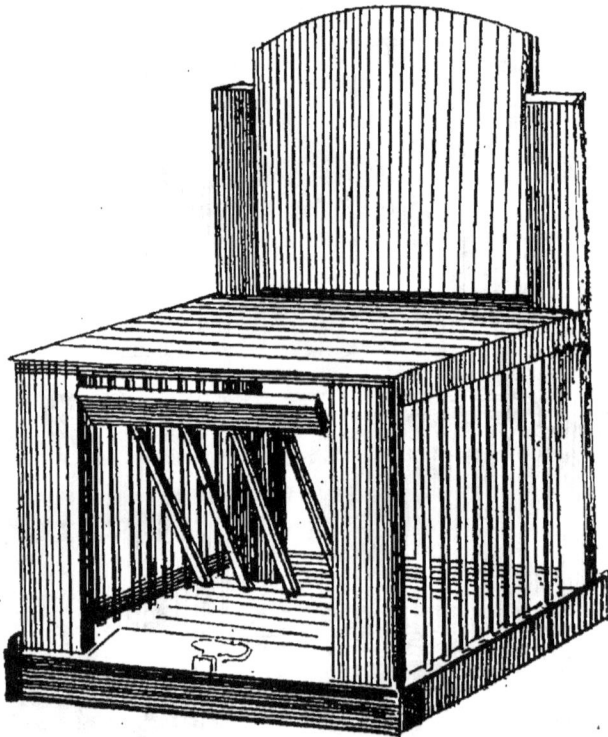

Trappe, vue de la sortie.

trappe que son bon marché met à la portée de toutes les bourses et qui, jusqu'à présent, nous a donné toute satisfaction.

Cette trappe consiste dans un appareil muni, sur le devant d'une porte à coulisses en zinc, tenue levée par un levier en fort fil de fer, qui déclanche lorsqu'on veut capturer le pigeon ; et sur le derrière, d'une porte à cliquettes oscillant dans tous les sens autour d'un axe horizontal disposé au haut.

Lorsque les pigeons ne voyagent pas, cette trappe qui est établie à demeure au droit de l'entrée du colombier et à l'intérieur, laisse le passage libre aux oiseaux qui entrent et sortent à leur volonté. Ils n'ont qu'à pousser légèrement les cliquettes, qui cèdent, et à passer outre.

Un pigeon est-il attendu au colombier? par suite de taquets habilement disposés et qu'il suffit de faire mouvoir, les cliquettes sont retenues fixes et rivées verticalement. La détente, établie par le plancher même de l'appareil laisse tomber la porte à coulisse au moindre contact. Le pigeon à sa rentrée, ne voyant rien de changé en apparence, y va de toute confiance, mais il n'a pas plutôt posé les pattes sur le plancher que la porte en zinc retombe derrière lui; et les cliquettes étant arrêtées, il se trouve prisonnier jusqu'à ce que vous veniez le délivrer.

Un bouton de contact électrique a été adapté sur le plancher, au droit de la porte à coulisses, de sorte qu'aussitôt la porte tombée, vous êtes averti que la dépêche vient d'arriver.

Voilà pour les pigeons voyageurs.

Enfin, et pour contenter tous les goûts et à la demande de nombreux amateurs d'oiseaux d'appartement nous avons construit une cage volante et démontable, très décorative, et qui n'est autre qu'une réduction de la volière-omnibus Leroy.

Cette cage peut se dévisser lorsqu'elle n'est pas utilisée et ses éléments, réduits à un petit volume, se ranger dans un placard où ils occupent peu de place, ou même au fond d'une malle si l'on a à voyager.

Lorsqu'on veut la mettre en activité de service, on la dispose sur un plateau garni de zinc, supporté par un pied en bois découpé. Dans les deux encoignures qui se trouvent aux points de jonction de la petite cabane et du parquet, on peut placer des pots de fleurs, de sorte que cette cage, loin d'être déplacée dans un salon, y fait au contraire bonne figure, au milieu des plantes d'appartement que les oiseaux égaient de leurs gazouillements et du tableau de leur vie de famille.

La petite volière peut se transporter au dehors si le temps est beau, et convient admirablement aux Canaris hollandais, moineaux mandarins et petits oiseaux exotiques qu'on veut faire reproduire.

Nous terminerons ici ce volume, avec l'espoir que le lecteur

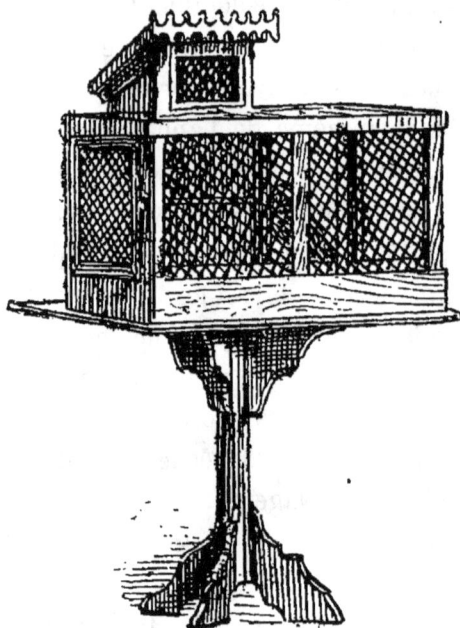

Cage volante d'appartement.

nous rendra cette justice qu'il est l'œuvre d'un éleveur mettant en pratique tout ce qu'il enseigne, et n'a rien de commun avec les élucubrations des compilateurs, aviculteurs en chambre et charlatans, dont les publications, loin de faire faire un pas en avant à la science de la culture des oiseaux, ne servent qu'à égarer l'amateur et à décourager les bons vouloirs.

TABLE DES GRAVURES

TABLE DES MATIÈRES

CHAPITRE PREMIER.

CHOIX DES RACES.

CHAPITRE II.

INSTALLATIONS.

CHAPITRE III.

OUTILLAGE DE L'ÉLEVEUR.

CHAPITRE IV.

INCUBATION.

CHAPITRE V.

ÉCLOSION. — PREMIERS SOINS. — ÉDUCATION.

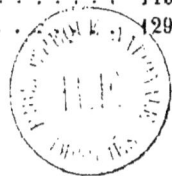

Typographie Firmin-Didot et Cie. — Mesnil (Eure).

www.ingramcontent.com/pod-product-compliance
Lightning Source LLC
Chambersburg PA
CBHW052206270326
41931CB00011B/2246